_____ 님의 소중한 미래를 위해
이 책을 드립니다.

게으른 십대를 위한 작은 습관의 힘

# 게으른 십대를 위한
## 작은 습관의 힘

미래를 결정할
십대의 좋은
습관 만들기

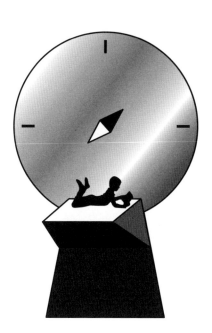

장근영 글·그림

메이트북스

메이트북스  우리는 책이 독자를 위한 것임을 잊지 않는다.
우리는 독자의 꿈을 사랑하고,
그 꿈이 실현될 수 있는 도구를 세상에 내놓는다.

# 게으른 십대를 위한 작은 습관의 힘

초판 1쇄 발행 2021년 8월 23일  |  초판 7쇄 발행 2023년 10월 1일  |  지은이 장근영
펴낸곳 ㈜원앤원콘텐츠그룹  |  펴낸이 강현규·정영훈
책임편집 안정연  |  편집 박은지·남수정  |  디자인 최선희
마케팅 김형진·이선미·정채훈  |  경영지원 최향숙
등록번호 제301-2006-001호  |  등록일자 2013년 5월 24일
주소 04607 서울시 중구 다산로 139 랜더스빌딩 5층  |  전화 (02)2234-7117
팩스 (02)2234-1086  |  홈페이지 matebooks.co.kr  |  이메일 khg0109@hanmail.net
값 15,000원  |  ISBN 979-11-6002-349-7 43190

일상을 바꾸기 전에는 삶을 변화시킬 수 없다.
성공의 비밀은 자기 일상에 있다

• 존 C. 맥스웰(리더십 전문가) •

# 십대에게
# 습관이 중요한 이유

인간은 습관의 동물이다. 우리 활동의 대부분은 환경으로부터 오는
자극에 대한 습관화된 반사 반응이다.
Man is largely a creature of habit, and many of his activities
are more or less automatic reflexes from the stimuli of his
environment.

_ G. 스탠리 홀(발달심리학의 창시자)

이 세상에 습관이 중요하지 않다고 말하는 사람은 아마 한 명
도 없을 겁니다. 지금까지 많은 전문가들과 동기부여 멘토들이 습
관의 중요성에 대해서 이야기해 왔습니다.

분명히 습관은 중요합니다. 그러나 습관의 중요성은 종종 잊혀
지곤 합니다. 습관에 대한 이야기를 아무리 여러 번 들어도 우리 머

릿속에는 잘 남지 않습니다.

그런 데는 여러 가지 이유가 있습니다. 우선 습관은 눈에 잘 띄지 않습니다. 습관은 대부분 작은 행동들로 이루어져 있기 때문에 좋든 나쁘든 당장 큰 결과를 만들지 않습니다.

게다가 습관은 우리가 의식하지 않고 하는 행동들입니다. 의식하지 않은 행동은 기억에도 저장되지 않습니다. 내가 기억조차 하지 못하는 행동을 중요하게 여기기는 힘듭니다.

그리고 습관은 우리에게 아주 익숙한 존재입니다. 누구나 습관을 가지고 있으니까요. 각자 자기 습관에 대해서만은 자기가 제일 잘 안다고 생각합니다. 그래서 습관에 대한 책이나 강의를 접한 사람도 그건 남의 이야기라고, 내 습관에는 통하지 않는다고 미리 결론을 내리기도 합니다. 더구나 익숙하기 때문에 습관의 힘을 가볍게 여기기도 합니다.

또한 우리는 큰 결과는 그만큼 큰 원인에 의해 일어난다고 생각하는 경향이 있습니다. 누군가 크게 성공했다면 그건 뭔가 큰 성공요인 덕분일 거라고 생각합니다. 그런데 실제로는 작은 차이가 쌓이고 쌓여서 큰 결과를 만드는 경우가 더 많습니다. 예를 들어 수능만점자들의 인터뷰를 읽어보면 대부분 비슷한 이야기를 합니다. 매일 꾸준히, 학교 수업에 충실하고, 예습과 복습을 빼먹지 않고 공부했다는 겁니다. 얼핏 듣기에는 누구나 할 수 있는 일 같습니다. 그래서 뭔가 더 중요한 비결을 숨긴 것처럼 보입니다. 하지만 그게 사실입니다.

어떤 사람들은 습관이 중요하다는 걸 알고 있습니다. 하지만 그 습관을 실제로 고치는 데 성공하는 경우는 매우 드뭅니다. 의지력이 부족해서가 아닙니다. 이미 있던 나쁜 습관을 새로운 좋은 습관으로 바꾸려면 영리한 전략이 필요한데, 우리는 그런 전략을 배운 적이 없기 때문입니다.

그래서 대부분의 사람들은 고치지 못한 나쁜 습관과 함께 살아갑니다. 그 중 몇 가지만 바꿔도 앞으로의 인생에 큰 차이가 생길 거라는 사실을 모르거나 모른 척합니다.

습관에 대한 이런 사실을 알면 알수록 섬찟해집니다. 자기도 기억하지 못하는 행동을 매일 하고 있는데, 그 행동들이 쌓이면 내 삶을 만든다니, 그리고 그런 일이 지금 나에게 일어나고 있다니 얼마나 무서운 일입니까. 저는 여러분이 이 사실을 알고 좋은 습관을 하나라도 더 만들어서 더 나은 결과를 얻길 바랍니다.

민망한 이야기지만, 습관에 대한 이야기를 하고 있는 저 자신도 결코 좋은 습관만 가진 사람이 아닙니다. 그렇기 때문에 이 책을 쓸 수 있었습니다. 나쁜 습관이 얼마나 제 삶을 망가트리는지도,

좋은 습관이 저를 얼마나 향상시키는지도 생생하게 경험했으니까요. 이 책은 제가 체험한 '습관의 힘'에 대한 이야기입니다.

이 책을 완성하는 과정도 나쁜 습관과 좋은 습관의 싸움이었습니다. 제 나쁜 습관, 특히 미루는 습관에도 불구하고 오랫동안 기다려주신 출판사에 감사드립니다. 그리고 글이 엉뚱한 길로 빠질 때마다 붙잡아서 제자리로 돌려놓아준 아내에게도 고마움을 전합니다.

장근영

# 6장 십대에게 꼭 필요한
# 공부습관 만드는 방법

여기서는 습관의 본질이 무엇이고 어떤 힘을 가지고 있는지 살펴보겠습니다.

그것이 무엇이든 자주 반복하는 행동은 습관을 형성하게 되고, 그 습관을 그냥 놔두면 점차적으로 힘이 세진다. 처음에는 고작 거미줄 정도로 약해 쉽게 끊을 수 있을지도 모르지만 그것에 저항하지 않으면 조만간 강철 사슬처럼 우리를 구속하고 만다.

Any act often repeated soon forms a habit; and habit allowed, steady gains in strength, At first it may be but as a spider's web, easily broken through, but if not resisted it soon binds us with chains of steel.

_ 타이론 에드워즈(미국의 성직자이자 저술가)

# 1장

## HABIT

십대에게
**습관이란
무엇인가?**

# 습관은
# 적응이다

우리가 각자의 방식으로 환경에 적응하면서 고유한 습관이 만들어집니다.
습관을 바꾸면 환경이 우리에게 주는 영향력을 바꿀 수 있습니다.

인생을 결정하는 요소들을 둘로 나누면 결국 유전적 요인과 환경적 요인만 남습니다. 그럼 이 두 변수 중에서 우리가 어떻게든 할 수 있는 건 뭘까요? 유전자는 우리가 어쩔 수 없습니다. 결국 환경밖에 없는 겁니다. 그런데 환경이 우리의 삶을 결정하는 방법은 뭘까요? 바로 습관입니다.

물론 환경이 직접 우리에게 미치는 영향력도 큽니다. 하지만 습관의 힘은 그보다 더 강력합니다. 심지어 환경이 바뀌어도 그 환경의 흔적인 습관이 남아서 계속 우리에게 영향을 미칩니다. 따라서 습관을 바꾸는 건 환경을 통제하는 길이라 할 수 있습니다.

공부를 하고 싶으면 공부하는 사람들이 주변에 있어야 합니다. 돈을 벌고 싶으면? 역시 이재에 밝은 사람들 곁을 찾아야 합니다.

습관 전문가들이 공통적으로 이야기하는 것이 습관은 혼자만의 힘으로 만들어지지 않는다는 겁니다. 여러분이 어떤 습관을 만들고 싶으면 그 습관이 일상화된 사람들의 집단에 들어가거나, 그 습관이 환영받는 곳을 찾아가야 합니다.

노는 아이들 속에 들어가서 당신만 공부하는 습관을 만들 수는 없습니다. 담배 피우는 아이들과 친하게 지내면서 당신만 청정한 허파를 유지할 수는 없는 거죠. 욕설이 난무하는 무리 속에서 지내면서 당신만 좋은 말을 쓰면 조만간 그 욕설들이 당신에게 향할 겁니다.

습관은 적어도 초기에는 연약한 존재입니다. 적절한 환경 없이는 성장하지 못합니다. 다행히 환경은 당신이 선택할 수 있습니다. 어느 정도까지는.

예를 들어 여러분이 어떤 음식을 좋아하느냐는 어린 시절에 주로 접한 음식의 레퍼토리에서 만들어집니다. 그리고 그렇게 평생 선호하며 먹은 음식이 여러분의 몸과 건강의 토대가 되죠. 여가시간에 즐기는 놀이나 활동도 마찬가지입니다.

심리학 연구결과에 따르면 청소년기에 여러분 주변에 있던 사

각자의 습관은 주어진 환경에 적응하기 위해서 만들어진다.
그리고 그 습관이 각자의 삶을 결정한다.

람들이 평소 어떤 활동을 즐겼는지에 따라 여러분의 취미활동 목록이 만들어집니다. 그것이 흡연이나 음주, 도박이 될 수도 있고, 독서나 토론이 될 수도 있습니다. 같은 환경에서 다른 친구를 사귀고 다른 놀이를 즐기면 십 년 후 여러분의 삶이 달라집니다.

## ✨🗼 습관은 우리의 삶을 바꾼다

이런 습관은 아주 소소하지만 거의 매일 반복됨으로써 우리의 의식수준을 벗어나 무의식 수준에 깊숙이 자리 잡습니다. 그리고 내 삶 전반에 영향을 미칩니다. 내가 말하면서 몇 번이나 손을 입에 댔는지를 기억하지 못하는 것처럼, 자신이 그 행동을 하고 있다는 의식조차 못하면서 거의 저절로 행동이 튀어나오게 됩니다.

언어 습관을 생각해보세요. 영국 같은 나라에서는 그 사람이 어떤 단어를 쓰느냐를 통해 그가 어떤 계층 사람인지를 판별해왔습니다. 화장실을 'Toilet'이라고 부르느냐 'Lavatory'라고 부르느냐, 상대방이 한 말을 잘 못 들었을 때 'What?'이라고 반문하느냐 'Sorry'나 'Pardon'이라고 반문하느냐 같은 차이 말입니다.

근대화 이후 신분제도가 거의 사라진 우리나라에서도 언어 습관은 그 사람이 속한 그룹을 드러냅니다. 특정한 비속어를 얼마나 사용하는지 같은 것이 대표적인 예입니다. 이런 언어 습관은 아주 사소합니다. 너무 사소해서 일상생활 중에 무의식적으로 튀어나옵니다. 그런데 한 번 튀어나오면 사람들이 나를 보는 눈이 바뀝니다.

그런 면에서 습관은 봉준호 감독의 영화 〈기생충〉에서 말하는 '냄새'와도 비슷합니다. 나도 모르는 사이에 내가 내뱉는 말이 어떤 커뮤니티, 어떤 정치적 지향, 어떤 가치관이나 태도의 냄새를 풍기는 겁니다.

마치 당신 등 뒤에 팻말이라도 붙인 것처럼, 자기 눈에는 띄지 않지만 남들에게는 너무도 명확하게 드러나는 것이 우리 습관입니다. 여러분이 남들에게 좋은 인상을 형성하기 위해서 아무리 좋은 옷을 입고 외모를 정돈해도, 무의식중에 튀어나온 몇 마디의 단어가 그 모든 노력을 압도해버릴 수 있는 겁니다.

습관의 힘을 얼마나 명확히 인식하느냐에 따라 습관이 나를 결정할 것인지, 내가 습관을 결정할 것인지가 결정됩니다. 그리고 그 습관은 우리가 환경에 적응한 결과입니다. 앞서 보여드린 그림처럼 환경이 습관을 만들고, 그 습관은 나를 만듭니다.

결론을 말하자면, 습관은 환경이 허용한 좁은 범위의 자유 속에서 우리가 매일 내리는 사소한 선택의 결과라고 할 수 있습니다. 우리 주변의 환경은 우리의 습관을 만들고, 그 습관은 다시 우리를 만듭니다.

우리는 습관을 바꾸기 위해서 환경을 바꾸거나 주어진 환경 속에서 내가 할 수 있는 선택을 바꿀 수 있습니다. 이 과정이 반복되는 것이 습관입니다. 이 습관은 다시 나를 바꾸고 내가 하는 행동을 바꿔서 내 환경을 바꿉니다.

지금도 습관은 여러분을 만들어가고 있습니다. 그렇다면 어떻게 해야 그 습관을 바꿀 수 있을까요? 이제부터 그 이야기를 해보겠습니다.

# 습관은
# 가성비가 높다

습관은 의지의 산물이 아니라 의지 없이 행동하는 방법입니다.
습관은 의지를 대체하기에 습관이 있으면 행동하기가 쉬워집니다.

---

흔히 습관에 대해서 가지는 오해 중 하나는 '습관이 의지의 산물'
이라는 생각입니다. '성공하는 습관을 만들고 키워간 사람들은 그
만큼 의지력이 강한 거'라는 식으로들 말하기 때문에 다들 당연히
습관은 강한 의지력으로 만든다고들 착각합니다. 하지만 사실이
아닙니다. 습관은 의지의 산물이 아니라 의지를 대체하는 겁니다.

의지력과 습관의 공통점은 둘 다 우리가 어떤 행동을 할지를
결정하는 역할을 한다는 점입니다. 분명한 사실이죠. 습관도 행동
이고, 의지력도 행동을 통해 드러납니다. 행동을 하지 않는 의지력
은 그냥 망상에 불과할 뿐입니다.

하지만 이 둘에는 아주 중요한 차이가 있습니다. 의지력은 말 그대로 힘을 소모합니다. 구체적으로는 뇌의 에너지를 쓰게 됩니다. 하지만 습관은 뇌의 에너지와는 상관없이 스스로 작동하기에 추가 에너지가 필요 없습니다.

일단 습관이 된 행동들은 정말 자기가 그걸 하는지도 의식하지 못하고 하게 되지 않던가요. 심리학자들은 이런 상태를 '자동화' 되었다고 합니다. 그러니까 습관의 궁극적인 형태가 바로 자동화 되는 겁니다. 당연히 습관에 의해 행동하는 것이 의지력으로 행동 하는 것보다 훨씬 효율적입니다. 요즘 말로 하자면 습관의 가성비 가 훨씬 좋습니다.

우리는 의지력으로 행동을 할 수 있습니다. 하지만 그럴 때마다 뇌는 조금씩 피곤해집니다. 에너지를 쓰니까요. 반면에 습관에 의 해 행동을 하면 뇌는 아무런 영향을 받지 않습니다. 뇌가 신경을 쓰지 않아도 습관은 알아서 행동을 하게 만들거든요.

질문해봅시다. '에너지를 필요로 하는 의지력과 자동적으로 작 동하는 습관, 이 둘 중에 어느 쪽이 더 오래 갈까요?' 답은 간단합 니다. 뇌가 피곤하지 않은 쪽이 오래 갑니다.

습관은 행동을 하는 방법입니다. 습관에는 의지력 없이도 행동 을 하게 만드는 힘이 있습니다. 결국 우리가 어떤 습관을 들인다 는 건 어떤 행동을 아무 생각 없이 자동적으로 하게 된다는 뜻입 니다. 습관은 뇌에게 선택을 위해 생각하지 않아도 되는 편리함을

습관은 의지력을 소모하지 않고 행동을 계속하게 해준다.
그 행동이 좋은 것이든 나쁜 것이든 습관의 순환을 통해 자동화된다.

제공함으로써 우리의 행동을 지배하게 됩니다. 그래서 습관이 중요합니다.

그렇다면 습관이 자리를 잡으려면 어떻게 해야 할까요? 여기서 여러분은 속았다는 느낌이 들지도 모릅니다. 왜냐하면 습관은 행동에서 시작하거든요. 습관이 행동을 하게 만드는 힘이라고 했는데, 그 습관을 만들려면 행동을 해야 한다니 뭔가 말도 안 되는 루프에 빠진 것 같을지도 모릅니다. 그래서 이제부터가 중요합니다.

 ## 습관을 만드는
## 행동전략이 필요하다


습관을 만드는 행동전략이 따로 필요한 겁니다. 이 행동전략을 세우기 위해서는 우선 습관이 자리 잡아야 하는 뇌의 특징을 이해할 필요가 있습니다.

뇌의 특징에 가장 잘 맞는 행동들이 습관으로 자리 잡고, 그렇지 않은 행동은 뇌에서 밀려납니다. 달리 말하자면 뇌가 마음에 들어 하는 습관과 싫어하는 습관이 있다는 겁니다. 우리의 뇌는 자기가 좋아하는 습관만 들여놓습니다.

문제는 여러분의 뇌가 가진 취향은 그 뇌의 주인인 여러분의 의사와는 다를 수 있다는 겁니다. 여러분이 보기에는 좋은 습관인데 뇌 입장에서는 영 별로인 경우도 있고, 반대로 여러분 입장에서는 정말 원치 않는데 뇌 입장에서는 대환영인 습관도 있습니다.

지금 이 책을 읽는 여러분들에게도 습관들이 있을 겁니다. 어떤 습관은 결과가 좋아서 마음에 드는 반면, 나를 갈수록 우울하고 비참하게 만들어서 정말 없어졌으면 하는 습관도 있겠죠. 그런데 뇌의 입장에서 보자면 이 두 유형의 습관 모두 다 마음에 드는 습관들입니다. 뇌의 마음에 드니까 계속 남아 있는 거죠. 반면에 내가 보기에 정말 멋져 보이는 습관이고, 내 것으로 하기에도 별로 힘들어 보이지 않을 것 같은데도 막상 내가 해보려고 하면 이상하게 잘 되지 않는 습관도 있습니다. 그런 습관은 뇌가 싫어하는 겁니다.

그렇다면 뇌가 싫어하는 습관은 영원히 내 것으로 할 수 없을까요? 아닙니다. 뇌는 사실 까다롭다기보다는 아주 단순한 녀석입니다. 뇌가 어떤 습관을 좋아하거나 싫어하는 건 그 습관의 내용 때문이라기보다는 습관의 겉에 드러나는 어떤 특징 때문입니다. 그래서 내용은 그대로 놔두고 그 겉모습만 바꾸면 뇌의 태도가 180도 달라질 수 있습니다.

그렇다면 뇌는 습관의 어떤 면을 좋아하는 걸까요? 그리고 어떤 걸 싫어할까요? 어떻게 해야 나를 더 나은 사람으로 성장하게 만들어주는 습관을 내 것으로 할 수 있을지는, 바로 이 질문에 대한 대답을 얼마나 이해하느냐에 달려 있습니다.

# 우리의 뇌는
# 생각보다 게으르다

뇌는 에너지를 아끼려는 구두쇠라 에너지를 적게 쓰는 쪽을 더 좋아합니다.
뇌는 깊이 생각하거나 선택할 필요가 없이 그냥 하는 행동을 좋아합니다.

---

물고기들은 대부분 비슷하게 생겼습니다. 유선형의 몸통, 아가미
와 지느러미, 그리고 털이 아니라 비늘로 덮인 피부….

왜 이런 모양이냐 하면 물고기들은 물속에서 살아야 하기 때문
입니다. 물이라는 환경에 적합하지 않은 형태를 지녔던 물고기도
있었을지 모릅니다. 하지만 그런 물고기들은 번성하지 못했습니
다. 그런 물고기들은 자손도 많이 못 남겼고. 그래서 결국 멸종했
습니다. 지금 남아 있는 물고기들은 모두 물속이라는 환경에 적합
한 녀석들뿐입니다.

습관도 마찬가지입니다. 환경에 적합한 습관만이 오래 살아남

뇌는 이미 할 일이 많기 때문에 제일 쉽고 빠르게 문제를 해결하기를 원한다.
습관은 그런 뇌에게 아주 좋은 해결책이다.

고 계속 커집니다.

습관이 살아가야 하는 환경은 바로 우리의 뇌입니다. 따라서 어떤 습관을 키우고 싶다면, 그리고 어떤 습관을 좀 없애버리고 싶다면, 먼저 그 습관이 성장해야 할 곳의 환경이 어떤 곳인지를 알아야 합니다. 그 환경에 적합한 습관일수록 잘 살아남고 번성할 수 있기 때문입니다.

여러분의 습관이 자리 잡아야 할 뇌의 첫 번째 특징을 알려드리겠습니다. 뇌는 에너지를 적게 들이는 걸 최우선으로 칩니다. 여기서는 뭐든 쉽고 편한 게 최고입니다. 왜냐하면 뇌는 이미 너무 할 일이 많기 때문입니다.

'나는 평소에 아무 생각 없이 산다'는 분이 있을지 모릅니다. 그런 사람의 뇌는 좀 편할까요? 아닙니다. 사실 뇌가 하는 일 중에서 생각이 차지하는 비중은 의외로 적습니다. 뇌가 하는 가장 큰 일은 우리 온몸을 지켜보고 관리하는 겁니다. 내장이나 호흡기관을 움직이기, 감각기관을 통해 얻은 정보를 해석하기, 걷거나 달리며 균형 잡기, 이 모든 것이 뇌의 업무입니다.

로봇공학에 관심이 있다면 사람처럼 자연스럽게 두 발로 걷는 로봇을 만들어내기까지 얼마나 많은 시간과 노력이 들었는지 알고 있을 겁니다. 우리가 자연스럽게 두 발로 걸어 다니는 건 엄청난 속도와 양의 정보처리가 필요한 일입니다. 이 모두가 뇌가 담당하는 일이죠.

사실 '생각'은 뇌가 하는 일 중에서 그나마 부담이 적은 일입니다. 뇌의 주요 역할은 몸을 움직이는 겁니다. 그래서 뇌 전문가들은 뇌를 활성화시키려면 운동을 하라고 말합니다. 새로운 운동을 배우는 사람들이 쉽게 지치는 것도 몸이 힘들기 전에 우선 뇌가 지쳐버리기 때문입니다.

일을 많이 하기 때문에 뇌는 평소에도 상당히 많은 에너지를 소비합니다. 뇌는 무게로는 체중의 2% 남짓한데 여기서 소모하는 칼로리는 평소에도 인체 기초 대사량의 25% 정도입니다. 아무것도 하지 않을 때의 칼로리 소모량이 이 정도입니다. 만약 뇌가 뭔가 일을 하면 칼로리 소모량은 더 늘어납니다.

칼로리 소비량이 늘어난다는 건 그만큼 많이 먹어줘야 한다는 뜻입니다. 요즘 같으면 좋은 얘기일 수도 있습니다. 요즘은 너무 많이 먹어서 살찌는 게 문제니까요. 하지만 인류가 이렇게 비만을 걱정할 만큼 여유로워진 건 최근 30~40년 사이의 일입니다. 그 전까지 우리 선조들은 언제든 굶을 수 있는 환경에서 살아야 했습니다.

그래서 인간의 몸은 뇌를 팽팽 돌리며 에너지를 펑펑 쓰도록 되어 있지 않습니다. 인류가 진화해온 환경에서는 가능한 한 에너지 소비를 줄이는 게 최선이었습니다.

## ⭐ 뇌가 좋아하는 습관의 조건

먹을 게 차고 넘치는 지금도 우리 몸은 머리를 최소한으로 쓰려는 본성을 버리지 못하고 있습니다. 머리를 적게 써야 배도 늦게 고파지고, 적게 먹어도 살아남을 수 있거든요.

그러면 우리는 언제 머리가 복잡해질까요? 선택을 해야 할 때입니다. 선택을 하려면 비교도 하고, 분석도 하고, 판단도 내려야 하는데 그거 하나하나가 다 에너지를 소모합니다. 그래서 뇌는 언제나 가능한 일이 적은 쪽을 좋아합니다. 뇌에게는 답이 정해져 있는 길, 누가 답을 알려주는 길이 최고입니다.

자, 이제 뇌가 좋아하는 습관의 조건이 뭔지 알 수 있겠죠. 뇌는 자기가 선택할 필요가 없게 해주는 습관을 좋아합니다. 뇌가 원하는 건 오로지 그것뿐입니다. 행동도 생각하거나 선택하지 않고 그냥 하는 행동을 제일 좋아합니다. 선택이라는 귀찮고 힘든 과정을 건너뛰게 해주는 습관, 그 과정 없이 하는 행동. 그런 행동을 더 자주 하고 그러다 보면 그 행동이 습관이 됩니다.

얕게 생각하면 될수록, 아니 아예 생각이라는 걸 하지 않아도 되는 행동일수록 뇌는 더 좋아합니다. 여러분이 지금 가지고 있는 습관들을 돌이켜보세요. 모두 아무 생각 없이 저절로 하는 것들일 겁니다.

그런데 어떤 행동이 그렇게 생각 없이 진행될까요? 반복을 많이 한 행동입니다. 그게 뭐든 상관없습니다. 같은 행동을 반복할수록 그 행동에 관련된 신경회로는 점점 단순해집니다. 반복될수록 2차선 국도 같던 신경회로가 왕복 8차선 고속도로처럼 뻥 뚫려버립니다. 이를 '자동화'된다고 합니다. 자동화되면 중간단계들이 다 생략되니까 속도도 빨라집니다.

여러분도 낯선 길을 가본 적이 있을 겁니다. 처음에는 그 길이 꽤 길고 복잡하게 느껴지죠. 하지만 그 길을 자주 다닐수록 내가 어디로 가야 하는지 아주 명료하게 보이기 시작합니다. 심지어 자주 다니면 그 길을 지나는 데 걸리는 시간까지 짧게 느껴집니다. 실제로 시간이 줄어들지는 않았는데 뇌가 그렇게 느끼는 겁니다. 길을 따라 걸어가는 과정이 자동화되었기 때문입니다.

뇌가 좋아하는 행동은 깊이 생각하거나 선택할 필요가 없이 그냥 하는 행동입니다. 그리고 어떤 행동이든 자주 반복하면 깊게 생각하지 않고 행동하게 됩니다. 따라서 복잡한 행동도 선택의 여지없이 단순하게 분해하고, 자주 반복하기 쉽게 만들어놓으면 뇌가 좋아하는 행동이 됩니다.

# 보상을 받은 행동은
# 쭉 계속된다

보상을 받은 행동은 계속되고, 보상을 받지 못한 행동은 사라집니다.
언제나 그렇습니다. 보상을 받는 행동이 이긴다. 이것이 첫 번째 원칙입니다.

모든 습관은 세 가지 요소로 구성되어 있습니다. 그것은 바로 단서,
반복, 행동입니다. 우리는 주로 눈에 보이는 루틴과 행동에 더 신경
을 씁니다. 그러나 습관으로 이끄는 가장 핵심적 요소는 단서와 보
상입니다.

Every habit is made of three parts… a cue, a routine and
a habit. Most people focus on the routine and behavior,
but these cues and rewards are really the way you make
something into a habit.

_ 찰스 두히그(미국의 작가이자 신문기자)

〈투모로우랜드〉라는 영화에 이런 대화가 나옵니다. 주인공인 아빠가 아들에게 묻습니다.

"우리 마음속에선 두 마리의 늑대가 늘 싸우고 있지. 하나는 어둠과 절망이고, 다른 하나는 빛과 희망이야. 그런데 어느 늑대가 이길까? 네가 먹이를 주는 쪽의 늑대가 이기게 된단다."

원래는 체로키 인디언들 사이에서 전해내려온 유명한 교훈이라는데, 꽤 여기저기에 다양한 버전으로 인용된 덕분에 여러분도 한 번쯤은 들어본 적이 있을 겁니다.

늑대가 그렇듯, 습관도 마찬가지입니다. 여러분이 먹이를 주는 습관이 이깁니다.

습관의 먹이는 다름아닌 보상입니다. 보상을 받는 행동이 이깁니다. 그리고 보상이 반복될수록 그 행동은 강해지고 결국 습관으로 자리 잡습니다.

행동에 있어 '보상의 효과'를 밝혀낸 심리학자가 스키너 박사입니다. 그는 쥐나 비둘기 같은 동물에게 어떻게 해야 가장 효과적으로 어떤 행동을 하게 만들 수 있는지를 평생 연구했습니다. 전에 하지 않던 어떤 행동을 하게 되는 과정, 바로 이게 '학습'이거든요.

그는 처음에는 직접 동물들을 관찰했지만, 그게 너무 힘들고 귀찮았습니다. 생각해보세요, 쥐가 어떤 행동을 할 때마다 먹이를 주려면 하루 종일 그 쥐만 지켜봐야 합니다. 잠깐 한눈 파는 사이에 쥐가 그 행동을 해버리면, 그날 학습 실험은 망치는 겁니다. 게다가 이렇게는 한 번에 한 마리씩밖에 측정할 수 없는데, 그렇게 박사학위를 받기 위한 데이터를 수집하려면 몇 년을 계속 쥐만 지켜봐야 한다는 사실을 깨달았죠. 그래서 이 학습과정을 자동화한 상자를 만들었습니다. 바로 그게 '스키너 상자'입니다.

이 상자에는 자동으로 먹이가 나오는 구멍, 마실 물이 나오는 접시, 동물이 누를 수 있는 레버나 버튼, 조명기구와 스피커가 완비되어 있었습니다.

이 상자 속에 쥐나 비둘기를 넣고 상자에 프로그램을 입력하면, 상자는 쥐나 비둘기의 특정한 행동에 먹이나 물 같은 보상을 자동으로 주게 됩니다. 그렇게 상자 몇 개를 계속 돌려서 데이터를 모은 대학원생 스키너는 덕분에 박사학위를 아주 빨리 받았습니다. 하버드에서 불과 3년 만에요. 누군가가 게임 속에서 매크로 돌리는 거랑 비슷한데, 얻은 게 게임 아이템이 아니라 박사학위라는 차이점이 있습니다.

이 책은 어떻게 보자면 우리 자신을 위한 스키너 상자를 만드는 법을 이야기하고 있습니다. 그 상자를 잘 만들면 뭔가 중요하면서도 좋은 결과가 있을 겁니다. 그 상자를 통해서 여러분이 자신의 삶을 바꿀 수 있다면 그건 박사학위만큼 대단한 일일 겁니다.

## 보상이 행동을
## 다시 하게 만드는 과정

어쨌든 스키너는 이렇게 모은 데이터로 학습의 공식을 만들었습니다. 공식의 핵심원칙은 간단합니다.

**핵심원칙 1** 보상을 받는 행동을 더 많이 한다.

누구나 알 수 있는 원칙입니다. 굳이 실험을 해야 알 수 있는 원리도 아닌 것 같고요. 하지만 가장 중요한 원칙입니다. 이 원칙이 우리 행동을 바꾸는 핵심이거든요.

좀더 자세히 살펴봅시다. 스키너의 실험에서 보상이 행동을 다시 하게 만드는 과정은 그냥 2단계입니다.

1단계. 그냥 A라는 행동을 한다 → 2단계. 그 행동에 보상을 받는다
→ A 행동을 다시 한다 (순환)

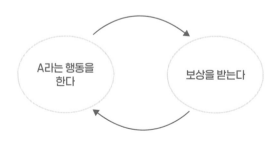

이 순환이 반복되면 쥐는 계속 A라는 행동을 하게 됩니다. 만약 이 상황에서 A와 B라는 두 행동을 할 수 있는데 B 행동에는 보상이 없고 A 행동에는 보상이 주어진다면 당연히 A 행동만 합니다. '보상을 받는 행동이 이긴다.' 이게 첫 번째 원칙입니다.

# 습관의 시작 스위치는
# 신호다

습관은 신호를 받아야 불이 켜지고 작동하기 시작합니다.
습관을 바꾸려면 내 습관의 스위치를 켜는 신호가 뭔지를 알아야 합니다.

---

보상을 받는 행동이 이긴다는 첫 번째 원칙은 옳습니다. 하지만
여기에는 빠진 게 있습니다. 보상을 받은 행동을 다시 할 수 있다
는 건 분명합니다. 그런데 언제 어디서 그 행동을 해야 하는지는
어떻게 알 수 있을까요? 아무 때나 그 행동을 할 수 있는 게 아니
거든요.

행동을 하는 쥐나 비둘기 혹은 여러분의 입장에서 생각해봅시
다. 쥐가 레버를 누르려면 일단 쥐의 눈에 레버가 보여야 합니다.
마찬가지로 우리도 공부를 하려면 최소한 공부할 책이나 노트, 혹
은 인터넷 강의를 들을 최소한의 도구가 있어야 하지 않겠어요?

우리는 그냥 앞뒤 없이 '레버를 누른다'라는 행동을 배우는 게 아닙니다.

'레버가 보이면 그걸 누른다' 혹은 '책이 보이면 그 책을 읽는다'라는 행동을 배우는 거죠. 이때 레버나 책을 '신호(signal)' 혹은 '단서(cue)'라고 부릅니다. 그러면 이제 앞에서 말한 2단계 순환은 사실 3단계 순환이라는 걸 알게 될 겁니다.

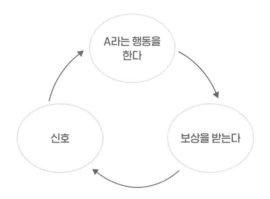

여기서 보상은 신호와 행동을 이어주는 접착제라고 할 수 있습니다. a라는 신호에 A라는 행동을 했을 때 보상을 받으면 앞으로 우리는 a 신호를 볼 때마다 A 행동을 하게 됩니다.

이게 습관의 두 번째 원칙입니다.

핵심원칙 2 신호가 있을 때만 행동이 가능하다.

습관화된 행동은 언제나 신호로부터 시작됩니다. 우리는 단지 어떤 행동을 하면 보상을 받는다는 사실뿐만 아니라 언제 그 행동을 하면 되는지도 배워야 합니다.

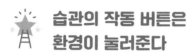

## 습관의 작동 버튼은 환경이 눌러준다

가장 확실한 신호는 남이 하는 행동입니다. 인간은 사회적 동물입니다. 이 말은 우리에겐 남이 하는 걸 따라하려는 동조 본능이 잠재되어 있다는 뜻입니다. 뭔지 몰라도 남이 하는 걸 보면 괜히 나도 해보고 싶어지지 않던가요. 우리가 사회적 동물이라 그렇습니다. 사실 여러분이 지금 가지고 있는 습관 중의 많은 것들이 남이 하는 걸 보고 배운 결과입니다.

여러분이 대화할 때 사용하는 단어들 대부분은 친구에게 배웠을 겁니다. 게임도 아무 게임을 하는 게 아닙니다. 여러분 친구들이 하는 게임을 하겠죠. 학원에 갈 때도 친구들이 다니는 학원을 갈 거고, 참고서를 골라도 친구들이 보는 참고서를 골랐을 겁니다. 비싼 스마트폰을 왜 가지고 다니나요? 가장 큰 이유는 친구들이 가지고 있으니까죠. 만약에 여러분이 담배를 피우고 있다면, 분명히 당신이 제일 먼저 피운 사람은 아닐 겁니다. 누군가를 보고 따

우리 세상은 행동 신호들로 가득 차 있다.
당신이 어떤 습관을 만들었느냐에 따라서 같은 존재가 다른 신호를 보내게 된다.

라한 거죠. 그래서 주변 사람들이 중요합니다.

환경도 신호의 좋은 원천입니다. 습관은 친구나 주변 사람을 보고 따라하며 만들어집니다.

그런데 그렇게 만들어진 습관의 작동 버튼은 환경이 눌러주죠. 여러분은 언제 게임을 하게 되나요? 스마트폰을 켰을 때, PC 화면을 봤을 때, 콘솔이 눈에 들어왔을 때일 겁니다. 물론 어떤 사람은 자기가 푹 빠진 게임의 배경음악이 들릴 때, 게임에 대한 이야기를 들었을 때도 그 게임에 대해 생각을 한다고 하더군요. 하지만 손에 게임기가 주어지지 않는 한, 그 게임을 할 수는 없습니다.

모든 행동에는 조건이 필요합니다. 신호는 바로 행동이 가능하게 만드는 기본 조건입니다. 행동을 바꾸려면 환경을 바꿔야 한다고들 하는데, 대부분 이 신호 때문입니다. 신호는 환경에서 오기 때문이죠.

우리 주변에는 이 신호의 두 원천인 사람과 환경이 함께 존재합니다. 예를 들어 어떤 사람 집에 먹을 것들이 가득하다면, 그 사람은 다이어트를 하기 어렵습니다. 눈에 보이는 모든 곳에서 먹으라는 신호가 들어오는데, 안 먹을 수 있을까요? 설상가상으로, 그런 사람의 집에는 반드시 틈만 나면 먹는 사람이 함께 살고 있습니다. 그런 사람이 있으니까 집에 먹을 게 많겠죠. 실제로 비만인 아이들의 부모나 가족을 보면 그 아이처럼 비만인 경우가 많습니다.

다른 예로 책이 많은 집에 사는 아이들이 공부를 잘하는 경향이 있습니다. 이건 통계적으로 증명된 사실입니다. 이것 역시 '신호의 힘' 탓입니다. 책이 많은 집에서는 책을 읽는 사람을 볼 기회도 많습니다. 그러니까 그런 집에 사는 아이는 책 읽는 사람을 구경하면서 책 읽는 습관을 배우고, 집에 널린 책들을 볼 때마다 책 읽는 습관의 스위치가 켜집니다. 그러니까 자기도 모르는 사이에 책을 자꾸 읽게 됩니다.

이렇게 책 읽는 습관이 만들어지면 공부하기가 훨씬 쉬워집니다. 공부하기 습관의 첫 번째 관문이 가만히 앉아서 교과서나 참고서를 읽는 일에 익숙해지는 것이거든요. 이 단계를 이미 마스터했으니 그 다음으로 넘어가기가 쉬운 거죠.

지금까지 신호와 행동의 관계를 설명했습니다. 그런데 여기서 저는 신호가 있어야 행동이 '가능하다'고 했습니다. 신호는 행동의 스위치라는 거죠. 하지만 스위치를 켠다고 언제나 기기가 작동하지는 않습니다. 그렇다면 뭐가 더 필요할까요?

# 습관의 에너지원은
# 갈망이다

어떤 만족스러운 경험이 반복되면서 생긴 갈망이 습관을 계속하게 만듭니다.
어떤 행동이 보상을 받는 일이 반복되면 그 행동은 보상과 연결됩니다.

실제로 행동을 하려면 우리는 에너지가 필요합니다. 앞서 '행동의 에너지원은 감정'이라고 했습니다. 네, 행동을 하려면 감정이 필요합니다. 감정이 없으면 신호가 주어져도 행동을 하지 않습니다. 마치 스마트폰의 버튼을 눌러도 배터리가 다 된 상태라면 아무 작동을 하지 않는 것과 같습니다.

그렇다면 습관의 에너지원이 되는 감정은 무엇이고, 그건 어디서 생길까요? 그 감정은 바로 갈망입니다. 갈망은 반복을 통해 생깁니다. 이것이 습관의 세 번째 핵심원칙입니다.

1장 십대에게 습관이란 무엇인가? ● ●

어떤 행동이 보상을 받는 일이 반복되면 그 행동은 보상과 연결된다.

다시 말해서 우리가 신호를 보고 A라는 행동을 하고, 그 직후에 보상을 받는 경험을 '반복'하면 우리의 뇌는 점차 이 과정을 하나로 여기기 시작합니다.

처음에는 행동과 보상이 연결됩니다. 이 행동과 보상의 연결이 반복되면, 그 다음에는 신호가 보상과 연결되기 시작합니다. 그러면 어떤 일이 생길까요? 신호를 보기만 해도 벌써 보상이 머릿속에 떠오르게 됩니다. 머릿속에는 보상이 떠오르는데, 아직 그 보상이 없다면? 그 보상에 대한 '갈망'이 생겨납니다.

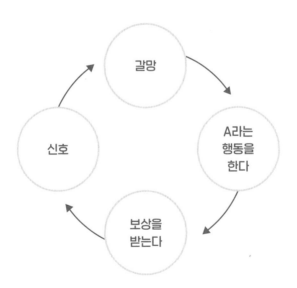

# 갈망이
# 행동을 유발한다

습관은 신호를 받아야 불이 켜지고 작동하기 시작합니다.
습관을 바꾸려면 내 습관의 스위치를 켜는 신호가 뭔지를 알아야 합니다.

---

예를 들어보죠. 여러분이 길을 가다 들른 편의점 냉장고에서 A라는 음료수를 봤습니다. 만약 여러분이 A 음료수를 마셔본 적이 없다면 아무런 감정이 없을 겁니다. 그런데 A 음료수를 이미 몇 번 마셔봤다면, 그리고 마셨을 때마다 시원하게 갈증이 해소되었다면 이미 여러분은 'A 음료수를 마신다(행동) → 갈증이 해소된다(보상)' 순환이 만들어진 상태입니다.

그렇게 된 여러분에게 A 음료수는 신호가 됩니다. 즉 A 음료수를 보자마자 여러분의 머릿속에는 그 음료수가 아주 시원하게 갈증을 해소해줬던 기억이 떠오르게 되는 겁니다. 그러면 이제 갈망이 시작됩니다. 갑자기 그 음료수를 마시고 싶어지는 거죠.

이 상태가 된 여러분은 무슨 행동을 할까요? 그 음료수를 구입해서 벌컥벌컥 마시게 됩니다. 이 과정을 분해해보죠.

A라는 음료수는 '신호'입니다. 그 음료수를 마셨더니(행동) 시원했던 기억은 과거의 '보상'이죠. 반복된 경험으로 이 셋이 연결되면 그 음료수에 대한 갈망이 생깁니다.

그러면 이제 여러분은 그 보상을 얻기 위한, 갈망을 해소하기 위한 '행동', 즉 음료수를 구입하게 됩니다. 이렇듯 갈망은 신호 다음에 위치합니다. 즉 신호가 갈망을 유발하고 그 갈망이 행동을 유발하는 거죠.

『아주 작은 습관의 힘』을 쓴 제임스 클리어도 아래 도표를 통해

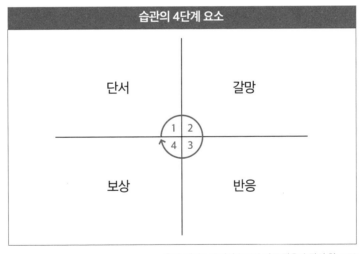

출처: 제임스 클리어 (2019) 아주 작은 습관의 힘, p.76

같은 이야기를 합니다.

4단계 요소가 다 만들어지면, 이 순환고리는 자동화됩니다. 외부에서 어떤 힘을 가하지 않는 한, 이 순환은 저절로 작동한다는 얘기입니다.

어떤 신호를 보면 어떤 행동을 하고 싶어지고, 그 행동을 하고 나면 만족하며, 다음번에 그 신호를 다시 만나면 또 같은 행동을 하는 과정이 계속됩니다. 이 과정이 반복될수록 갈망은 커집니다. 그러면 행동이 반복되려는 에너지가 만들어집니다. 이제 여러분에게는 어떤 습관이 생겨난 겁니다.

여기서 중요한 것! 이 순환고리에 의지력이나 판단력 같은 것은 없다는 점입니다. 일단 습관이 만들어지고, 이 순환고리가 작동하기 시작하면 여러분은 자동적으로 움직이게 됩니다. 이때 여러분은 쥐나 비둘기와 크게 다르지 않은 수준에서 행동합니다. 자기가 뭘 하는지도 모르고 움직이는 거죠.

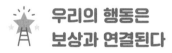

## 우리의 행동은 보상과 연결된다

혹시 공부를 하거나 보고서를 쓰려고 PC를 켰는데, 몇 시간씩 커뮤니티 순례를 하거나 게임을 하고 있는 자신을 발견한 적 없나

1장 십대에게 습관이란 무엇인가?  •• •

요? 분명히 처음에는 그럴 생각이 아니었는데, 정신차려보니 허튼 짓을 하고 있단 말이죠. 이때 여러분의 습관 순환고리는 다음과 같이 구성되어 있습니다.

PC 모니터가 보인다 (신호) → 오늘은 무슨 글이 올라왔을지 궁금해진다 (갈망) → 커뮤니티에 들어간다 (행동) → 게시물을 보며 재미를 느낀다 (보상) → 순환

이 순환고리가 작동하면 1~2시간 아무 생각 없이 웹서핑하는 여러분이 되는 겁니다. 게임은 어떨까요?

PC 모니터가 보인다 (신호) → 승리를 하고 싶다! (갈망) → 게임에 들어간다 (행동) → 승리! (보상) → 순환
* 패배! → 승리할 때까지 게임한다 → 승리!

이게 여러분의 머릿속에서 벌어지는 일입니다. 그렇다면 컴퓨터를 켜자마자 인강으로 들어가거나 숙제를 하는 습관 고리는 어떻게 구성되어 있을까요?

PC 모니터가 보인다 (신호) → ? → 인터넷 강의를 듣는다 (행동) → ? → 순환

저 물음표 속에 뭐가 들어갈까요? 저기에 습관 고리 변화의 단서가 들어 있습니다. 정답은 좀 복잡한 이야기니까 틀린 답부터 알려드리겠습니다.

우선 의지력은 아닙니다. 저 순환고리에 의지력이 들어갈 곳은 어디에도 없습니다. 의지력이 왜 습관을 못 바꾸는지는 이미 앞에서 설명했습니다만, 다시 한 번 반복합니다. 잊지 마세요. 의지력은 습관을 바꾸지 못합니다. 아무리 굳은 결심을 해도 습관은 바뀌지 않습니다.

그렇다면 나쁜 결과에 대한 두려움일까요? 아닙니다. 주변에 보면 아이에게 겁을 주면 공부를 할 거라고 믿는 사람도 있습니다. 힘든 일을 하시는 분들을 가리키며 "너 공부하지 않고 놀다 가는 저런 일이나 하는 거야!"라고 가르치는 부모님이 지금도 있습니다. 물론 그 부모님의 의도는 차별을 하려는 게 아니라 자녀에게 겁을 주려는 겁니다. 두려움이 공부를 하게 만들 거라 믿는 거죠. 하지만 안타깝게도 이런 말 속에 담긴 가치관도 틀렸고, 이런 말의 효과에 대한 기대도 틀렸습니다.

물론 두려움도 감정입니다. 모든 감정은 행동의 동기가 되고요. 그런데 원초적인 두려움 때문에 하는 행동들은 다른 겁니다. 남들 앞에서 실수하지 않기 위해, 창피당하지 않기 위해 하는 행동들이 그런 겁니다.

예를 들어 외출 전에 세수하고, 머리 정리하고, 옷매무새 정리

1장 십대에게 습관이란 무엇인가?

하기 같은 거, 외출 전에 불 끄고 문단속하기 같은 행동도 그렇습니다. 과제물을 제출하기 전에 오탈자 검사하기, 시험답안 제출하기 전에 검토하기 같은 행동도 마찬가지입니다.

모두 그걸 하지 않았을 때 벌어질 결과를 알기 때문에 그걸 피하려는 행동이죠. 그런데 이런 행동은 한 번짜리들입니다. 문단속은 한 번 하면 끝입니다. 시험 답안지 검토도 제출하기 전에 한 번만 하면 됩니다. 그러니까 이런 것들은 모두 그 다음 행동으로 넘어가기 위한 마무리 행동입니다. 한 번만 하면 되는 거고, 오히려 계속 하면 이상해집니다. 두려움 때문에 어떤 행동을 반복적으로 하는 걸 '강박적 행동'이라고 합니다.

강박행동은 심하면 정신과 상담을 받아야 하는 문제 행동입니다. 공부는 이런 식으로는 못합니다. 겁에 질려 공부를 하면 머리에 들어오지 않습니다.

뇌는 두려움 앞에서 아주 시야가 좁아집니다. 올바른 판단도 못하고, 제대로 생각도 못합니다. 두려움은 침착함의 반대입니다. 우리는 침착할 때 가장 현명합니다. 그러니까 두려움을 채찍질하는 건 진짜 답에서 멀어지는 길입니다.

CUE

ROUTINE

ACTION

여기서는 습관 자체와 그 습관을 형성하거나 방해하는 요소들, 행동, 동기, 감정, 보상, 처벌의 특징을 간단히 살펴보면서 습관에 대해 조금 더 자세한 정보를 제공합니다.

습관은 밧줄이다. 우리가 매일 그것을 한 가닥씩 엮다 보면 마침내 우리 자신도 그 줄을 끊을 수 없게 된다.
Habit is a cable, we weave a thread of it each day, and at last we cannot break it.

_ 호레이스 만(미국의 교육개혁가)

2장

HABIT

습관에 대해
제대로 알고
이해하자

# 우리의 행동에는
# 관성력이 있다

작은 행동에서 시작된 관성이 더 큰 행동으로 이어지게 됩니다.
그래서 습관 전문가들은 처음 시작할 때는 아주 작게 하라고 말합니다.

어느 여행객이 마을에 들러 먹을 것을 구하는데, 인심이 야박해 아무도 먹을 것을 주지 않았다. 그래서 꾀를 내어, 있어 보이는 집에 찾아가서는 자기한테 맛있는 수프를 끓일 수 있는 마법의 돌이 있다면서 큰 냄비를 빌려주면 마을 사람들에게도 나눠주겠다고 제안한다. 그렇게 마을 사람들이 보는 앞에서 큰 냄비에 한참 돌만 끓이다가 한 입 맛보고는 '양파가 조금만 있었다면 더욱 좋았을 텐데…' 이렇게 중얼거리자 마을 사람 중 한 명이 집에 있던 양파를 나눠주고, 그 후에 여행객이 한 입씩 맛보면서 당근, 고기, 소금 등등을 혼잣말로 언급하면 그걸 가진 마을 사람들이 그것을 나눠줬다. 이렇게 마을 사람들이 가진 재료가 하나로 모여 많은 수프가 완성되었고 이를 여행객과 마을 사람들이 나눠먹었는데, 오랫동안 그 수프 맛을 잊지 못했다고 한다.

마법의 돌 하나로 끓인 수프 이야기. 여러분도 한 번쯤은 들어본 이야기입니다. 알고 보면 착한(?) 사기라고 할 수 있는 이야기입니다. 그런데 이 이야기 속에 습관의 본질이 숨겨져 있습니다.

습관은 여기 등장하는 마법의 돌 같은 것입니다. 그런데 그 돌이 없었으면 양파도 안 들어가고, 당근이나 고기를 더 넣을 일도 없었을 겁니다.

마찬가지로 습관이 된 행동들은 얼핏 보면 정말 아무것도 아닌 것처럼 보입니다. 담배 한 개피는 피워도 그만, 안 피워도 그만입니다. 한 개피만으로는 내 몸에 별다른 일이 일어나지 않습니다. 영어 단어 한 개 외우기 역시 그것만으로는 아무런 차이가 없습니다. 단어 하나 더 안다고 인생이 바뀌지 않습니다. 하지만 그게 하루 이틀, 한 달 두 달 쌓이면 큰 변화가 일어납니다.

이처럼 별것 아닌 것처럼 보이는 작은 시작, 그게 바로 습관입니다. 독자 여러분 중에 게임을 하는 분들이라면 이런 생각을 해본 적이 있을 겁니다.

"내가 게임하듯 공부를 꾸준히 했다면 지금보다는 훨씬 성적이 좋을 텐데…."

저는 그런 생각을 꽤 자주 합니다. 내가 게임하듯 연구를 했고, 보고서를 썼고, 원고를 썼다면 아마 지금처럼 마감에 쫓기면서 이 책을 쓰고 있지는 않을 테죠. 그걸 알면서도 게임은 매일 하고, 보고서는 늘 미룰 수 있을 때까지 미룹니다. 참으로 한심한 일이죠.

왜 이러는 걸까요? 이유가 뭘까요? 게임이 재미있어서? 이런 말을 하기는 그렇지만, 의외로 연구도 재미있습니다. 게다가 글 쓰는 건 정말 재미있습니다. 시간 가는 줄 모르고 새벽까지 글을 쓴 적도 있습니다. 게임도 재미있지만, 직접 글을 쓰는 창조의 재미도 만만치 않은 겁니다.

그런데도 불구하고, 게임은 매일 합니다. 원고는 미뤘다가 쓰죠. 둘의 가장 큰 차이는 행동의 단위에 있습니다. 원고는 시작과 마감 사이에 중간 단위가 잘 안 보입니다. 반면에 대부분의 게임은 오늘 할 일을 정해줍니다. 그것도 아주 작은 단위의 일을.

초등학생이나 저 같은 아재들이 많이 하는 모바일 게임 중 하나인 '포켓몬고'를 예로 들어봅시다. 저는 포켓몬고에 매일 들어가는데, 이유는 우선 그날의 퀘스트를 완수하기 위해서입니다.

이 퀘스트라는 게 별거 없습니다. 포켓스탑 최소 하나 돌리기, 그리고 몬스터 최소 한 마리 잡기. 딱 이 두 가지입니다. 이 퀘스트를 7일간 매일 빠지지 않고 하면 7일차에 상당한 보너스를 줍니다. 그러니까 한 3일 연속으로 퀘스트를 하고 나면 그동안 한 게 아까워서라도 나머지 4일도 개근을 하게 되죠.

일단 어떤 행동을 시작하면, 그 행동은 계속되려는 경향이 있다.
그리고 어떤 행동이 점차 커지기 시작하면, 계속 커진다.

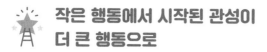

## 작은 행동에서 시작된 관성이 더 큰 행동으로

그런데 하루에 이 두 퀘스트만 하는 건 지나치게 쉽습니다. 대개는 포켓몬에 들어가자마자 일퀘는 끝나죠. 그러면 그 다음 수준의 퀘스트가 기다리고 있습니다.

포켓스탑을 돌릴 때마다 랜덤으로 하나씩 전부 3개의 퀘스트가 주어지는데 그 중 하나만 하면 되는 겁니다. 이것도 별로 어렵지 않습니다. 예를 들어 포켓몬 5마리 잡기 아니면 날씨부스트 받는 포켓몬 3마리 잡기 같은 거니까요. 이 퀘스트도 매일 하나씩만 하면 역시 7일차에 보너스가 주어집니다. 그것도 쉽다면, 더 할 수 있습니다. 퀘스트는 끝낼 때마다 빈 슬롯이 생겨서 다시 포켓스탑을 돌려서 추가할 수 있거든요.

돌이켜봅시다. 처음에는 별거 아닌 포켓스탑 한 번 돌리기, 몬스터 한 마리 잡기로 시작했는데, 이렇게 추가 퀘스트를 하나씩 하다 보면 20~30분이 금방 지나가는 겁니다.

관성이란 게 이렇게 무섭습니다. 아무것도 하지 않던 상태에서는 뭔가를 시작하기가 정말 힘듭니다. 그런데 일단 작게라도 시작하고 나면 이제는 오히려 멈추기가 힘들어집니다. 그래서 거의 모든 습관 전문가들이 처음 시작할 때는 아주 작게 하라고 말하는 겁니다.

2장 습관에 대해 제대로 알고 이해하자 ● ●

우선 할 일을 아주 작은 단위로 쪼개놓습니다. 포켓몬고 퀘스트처럼. 정말 별것 아니고, 손가락 몇 번만 움직이면 될 수 있는 수준의 작은 단위로. 예를 들어 글을 쓴다면 '한 단어 쓰기'도 좋습니다. 공부를 한다면 한 문제 풀기 정도가 좋겠죠.

여기서 중요한 건 '공부하기'와 '공부 준비하기'는 전혀, 완전히, 100% 다르다는 점입니다. 공부를 위한 마음의 준비하기, 책상 정리하기, 심호흡하기, 책 펴기까지는 '공부 준비하기'지 '공부하기'가 아닙니다. 책에 있는 한 단어라도 봐야 그때부터 '공부하기'입니다.

주변에 보면 "공부하겠다"는 결심만 굳게 하는 친구들이 있습니다. 그런데 그들 대부분은 실제로는 공부하지 않고 망합니다. 여러 가지 이유가 있겠지만 가장 근본적인 이유는 '공부 준비하기'를 '공부하기'의 일부라고 착각하기 때문입니다.

'공부 준비하기' 습관은 사실 별로 중요하지 않습니다. 대부분은 오히려 공부하기에 방해가 되는 습관들입니다. 공부 준비가 안되었다는 이유로 공부를 미루는 경우가 많기 때문입니다. 대부분 공부를 피하기 위한 비겁한 변명들이죠. 다들 이런 경험이 있을 겁니다. '나는 공부하려고 했는데 ○○가 없어서 오늘은 못하겠네'라는 식의 변명 말입니다.

그러니까 '공부하는 습관'이라는 말을 할 때는 반드시 정말 공부를 한 글자라도 하는 행동을 생각해야 합니다. 공부 준비요? 아무 의미 없습니다. 여러분이 정말로 공부를 하고 싶다면 아무런 준비 없이도 언제 어디서든 공부할 수 있는 습관을 들여야 합니다. 이에 대해서는 공부습관을 다루면서 좀더 자세히 이야기하겠습니다.

# 작은 행동이
# 큰 생각보다 더 세다

행동으로 이어지지 않는 생각은 의미가 없기에 생각은 중요하지 않습니다.
생각은 행동을 하기 위한 전 단계일 뿐으로, 실제 행동이 중요한 겁니다.

---

당신의 존재는 오직 당신이 뭘 하느냐에 달려 있다

_ 페데리코 펠리니(이탈리아의 영화감독)

1장에서도 이야기한 심리학자 스키너 박사 이야기를 좀더 해 보겠습니다. 이 분은 원래 소설가가 되고 싶었습니다. 대학생 때 실제 소설도 썼어요. 근데 막상 써놓고 보니 재미가 없었죠. 자기가 소설가의 자질이 없다는 걸 깨닫고는 소설가보다 좀더 쉬운 심리학자가 되기로 결심했습니다. 그리고 1928년에 하버드대학원에 입학해서 3년 만인 1931년에 박사학위를 받습니다. 네, 심리학은 소설보다 그렇게 쉽습니다. 적어도 스키너 박사에게는 그랬나 봅니다.

어쨌든 이 분이 주창한 심리학의 사조가 '행동주의'입니다. 간단히 말해서 심리학 연구를 할 때 행동만 보자는 거죠. 행동만 보자는 얘기는 '생각'은 안 봐도 된다는 얘기입니다. 우리가 머릿속에서 무슨 생각을 하는지, 내 마음속에 어떤 고민과 갈등이 있는지, 어떤 무의식적 욕구가 잠재되어 있는지 같은 건 그냥 없는 걸로 쳐도 별 상관이 없다는 거죠. 왜? 생각은 볼 수 없기 때문입니다. 심리학 전문용어로 말하자면 '관찰'할 수 없습니다.

하지만 행동은 볼 수 있습니다. 측정할 수도 있고, 횟수나 강도를 정확히 기록할 수도 있죠.

일단 이렇게 입장을 정하고 나니까 스키너 박사의 이론은 아주 간단명료해졌습니다. 그 덕분에 심리 현상을 명쾌하게 설명하고, 예측하고, 구체적인 문제를 해결하는 효과적인 방법도 만들어낼 수 있었죠. 그래서 한동안 미국 심리학계는 행동주의가 대세였습니다. 지금도 심리학계에서 스키너의 행동주의는 아주 큰 지분을 차지하고 있고요.

이건 심리학 이야기만이 아닙니다. 여러분들의 삶도 마찬가지입니다. 누구나 생각은 많이 합니다. 고민도 하고, 갈등도 겪고, 걱정도 하죠. 행동을 안 하는 사람들일수록 특히 더 그렇습니다. 그 사람들 머릿속은 생각이 가득차서 터질 것만 같아요. 문제는 생각이 아무리 많고, 아무리 심오하고, 아무리 진정성으로 가득하더라도 그건 아무런 소용이 없다는 겁니다. 행동으로 이어지지 않으면 그냥 먼지나 마찬가지입니다. 아니, 먼지보다 못하죠. 먼지는 그나마 실체가 있고 우리 호흡기를 오염시키기라도 하는데, 머릿속 생각은 행동으로 이어지지 않는다면 정말 아무런 쓸데가 없거든요.

당신이 아인슈타인쯤 되면 뭐 빛의 속도나 시간의 속도에 대해 생각만으로 '사고실험' 같은 걸 할 수 있을 겁니다. 하지만 그 아인슈타인조차도 자신의 생각을 '논문쓰기'라는 행동으로 옮기지 않았더라면 그냥 스위스 우체국 공무원으로 끝나고 말았을 겁니다.

## 생각하는 것보다 실제 행동이 중요하다

제가 어떻게 잘 알까요? 제가 그랬거든요. 솔직히 제가 지금까지 생각했던 것들을 모두 행동으로 옮겼더라면 제 삶은 지금과는 전혀 달랐을 겁니다. 그나마 그 많은 생각들 중에 극히 일부를 행동으로 옮긴 덕분에 간신히 여기에 와 있는 거죠.

여러분 주변을 둘러보세요. 다들 자신의 생각이나 꿈에 대해서 말을 합니다. 그런데 실제로 뭘 하고 있는지를 말하는 사람은 그 중 일부입니다. 그리고 일주일, 한 달, 일 년 동안 같은 일을 계속

생각은 행동을 통해서 완성된다.
아무리 훌륭한 생각이라도 행동으로 이어지지 않으면 허공으로 사라진다.

하는 사람은 그 일부 중의 극소수죠.

생각은 중요합니다. 하지만 행동으로 이어지지 않는 생각은 우리를 한심하게 만듭니다. 해야 할 일을 하지 않은 사람들을 보세요. 다들 입은 살아 있고, 말은 많습니다. 그 일에 대해 생각은 많이 했다는 겁니다. 숙제 안 해온 친구들이 그렇지 않던가요? 다들 숙제 안 해가면 어떻게 되는지에 대해 걱정도 많이 하고, 심지어 숙제하는 꿈을 꾸는 친구도 있습니다. 그런데 정작 숙제는 안 하는 거죠. 그렇게 걱정하고 고민할 시간에 한 줄이라도 뭘 쓴 친구는 숙제를 하는 거고, 한 시간이든 두 시간이든 숙제에 대한 생각만 한 사람은 숙제를 안 한 학생이 됩니다. 그것도 자기가 왜 숙제를 못했는지에 대한 변명밖에 남지 않은 인간이 되는 거죠.

이런 친구들은 심지어 자신의 생각이 진짜라고, 다시 말해서 진심이라고 주장하기도 합니다. 왜 내가 이렇게 고민하고 걱정했던 걸 믿어주지 않느냐고 투정부리기도 합니다. 하지만 행동으로 이어지지 않는 진심은 시간이 지나면 사라집니다.

# 동기는 감정이고
# 감정은 변덕이다

감정은 행동의 에너지원입니다. 하지만 그 감정은 계속 변합니다.
그러므로 감정에만 의존하면 뭔가를 꾸준히 할 수 없습니다.

───────────────────────

동기가 약하다고 걱정하지 말라. 동기는 변덕스럽다. 그래서 동기에

의존한다면 당신은 목표에 도달하지 못할 거다.

_ 조코 윌링크(네이비씰 지휘관)

감정은 너무나도 중요한 요소입니다. 감정은 우리를 움직이는
에너지원이거든요. 아무리 머리로 생각해서 어떤 행동을 하겠다
는 판단을 내려도, 그게 실제 행동으로 이어지려면 감정이 필요합
니다.

감정이 없으면 우리는 배터리가 다 소모된 스마트폰처럼 먹통

이 됩니다. 실제로 감정이 없어진 상태를 우리 주변에서도 볼 수 있습니다.

우울증이 대표적이죠. 우울증의 주요증상은 우울한 감정이 아닙니다. 감정의 결여, 무감동입니다. 우울증에 걸리면 아무것도 하지 않게 됩니다. 에너지가 부족하니까 뭐 하나 하려면 힘이 많이 들거든요. 그래서 정신의학에서는 심한 우울증 상태보다는 우울증에서 조금 회복되었을 때가 오히려 더 위험하다고 합니다. 우울한 사람이 에너지가 생기면 자살이라는 행동을 실행할 위험성이 높아지기 때문이죠.

요점은 '감정이 우리의 행동을 추진하는 매우 중요한 요소'라는 사실입니다. 그게 좋은 감정이든 나쁜 감정이든 감정이 충만할 때 우리는 행동을 합니다.

그런데 문제는 이 감정들은 대부분 쉽게 변한다는 겁니다. 대부분의 감정은 찰나의 존재입니다. 감정의 변화속도는 빛과 같죠. 감정은 어떤 사람에게선 분 단위로, 어떤 사람에게선 초 단위로 변화합니다.

여러분이 오늘 하루 어떤 감정을 느꼈는지 돌이켜보세요. 아침에 일어났을 때의 감정이 지금까지 계속 유지되는 사람은 아마 한 명도 없을 겁니다. 하루 동안 느낀 감정이 너무 많아서 아예 기억이 나지 않는 사람도 있을 겁니다.

그래서 감정에만 의존하면 우리는 변덕스러운 존재, 도저히 믿

감정

감정은 행동의 에너지원이지만 너무 빨리 변한다는 치명적인 단점이 있다.
그래서 감정에 의존하는 행동은 지속되기 어렵다.

을 수 없는 존재가 됩니다. 감정에 온전히 의존해서 행동하는 사람을 심리학적으로는 '충동적'이라고 합니다. 충동성은 신뢰성과 반대성향으로 해석되죠.

얼핏 생각하기엔 마음이 이끄는 대로 순간에 충실하게 사는 삶이 멋있을 것 같습니다. 하지만 대부분의 경우에는 한심하고 철없어 보일 뿐입니다.

잘못을 저지르고는 울며불며 '잘못했다'고 '다시는 그러지 않겠다'고 비는 아이를 생각해보세요. 그 아이가 정말 다시는 안 그럴까요? 아니죠. 대부분의 아이는 또 같은 행동을 합니다. 충동을 제어하지 못하기 때문이죠. 그렇다고 그 아이가 거짓말을 한 건 아닙니다. 감정이 이끄는 대로, 순간에 충실하게 행동했을 뿐입니다. 울며 반성할 때의 감정도 진짜였고, 용서 받은 후에 처음으로 돌아간 감정도 역시 진짜였습니다.

감정은 원래 그런 겁니다. 따라서 감정에 솔직할수록 우리는 어린애처럼 행동하게 됩니다. 순간에 충실하다는 건 결코 자랑거리가 아닙니다. 그냥 자신이 동물과 차이 없는 수준이 된다는 뜻일 뿐입니다.

많은 친구들이 어떤 일을 '의욕'이 생겨야 한다고 생각합니다. 의욕도 감정이죠. 이렇게 의욕을 앞세우는 사람은 이미 그걸 하지 않겠다고 말하는 셈입니다.

## 감정은
## 행동의 에너지원이다

예를 들어 누군가는 지금은 공부할 의욕이 없다거나, 이제 막 공부할 마음이 생겼는데 하필 그때 다른 할 일이 터지는 바람에 공부를 못하게 되었다고 주장합니다. 혹자는 부모님이 공부할 마음이 생기려고만 하면 딱 시간 맞춰서 공부하라는 잔소리를 해서 공부하기 싫어진다고도 주장하죠. 헛소리죠. 이 모든 주장의 결론이 뭡니까. 결국 "그래서 공부를 하지 않겠다" 아닙니까.

게다가 감정은 중간을 지향합니다. 너무 좋은 것도, 너무 싫은 것도 아닌 중간. 그래서 좋은 것도 많이 해야 한다고 생각하면 싫어지고, 싫은 것도 그만 해야 한다고 생각하면 오히려 좋아지는게 감정의 특성입니다.

감정이 끓어오른다 싶으면 곧 사그라들기 마련입니다. 화끈하게 끓어오른 감정일수록 더 처절하게 쪼그라들기도 합니다. 그러면 이도 저도 아닌 중간 감정으로 가면 어떨까요? 이 세상에 그런 사람은 없습니다. 누구에게나 크기가 다를 뿐 감정의 파도가 있기 마련입니다. 감정은 계속 변할 수밖에 없다는 거죠.

이게 문제입니다. 감정은 매우 중요한 행동의 에너지원입니다. 그런데 그 감정은 시시각각 변해요. 그러니 감정에만 의존해서는 일관적으로 행동할 수가 없습니다. 그래서 습관이 필요합니다.

동기가 없으면 행동도 없다. 습관은 자체적으로 동기를 만들어낸다.

습관은 크게 다음 두 가지 면에서 감정의 변덕스러움을 보완해줍니다.

첫째, 1장에서 살펴봤듯이 습관은 감정과 행동의 순환체계를 만들어냅니다. 순환체계란 일단 한 번 만들어지면 관성을 가지고 계속 반복되는 시스템을 말합니다. 이 순환체계 자체가 감정을 만들어냅니다. 그래서 스스로 발진하고 스스로 소모하면서 계속 돌아갑니다. 지금 여러분이 가지고 있는 습관들은 모두 이 순환체계를 가지고 있습니다.

둘째, 습관 그 중에서도 '긍정적인 행동 습관'은 감정 중에서도 가장 변동성이 적은 감정을 키워줍니다. 그 감정은 바로 '자신감'입니다. 자신감은 경험에서 만들어진 인식과 감정의 복합체입니다. 그래서 순수한 감정들에 비해 잘 변하지 않습니다. 그리고 비슷한 경험이 축적될수록 더 강해지고 단단해집니다.

순환체계와 자신감! 습관을 통해 형성되는 이 두 요소가 변덕스런 감정을 대체하기 때문에 우리는 긍정적인 행동을 계속 할 수 있게 됩니다.

# 반복의 효과,
# 생각보다 강력하다

반복을 하면 좋았던 건 덜 좋아지고, 싫었던 건 덜 싫어집니다.
그리고 반복을 하면 모든 게 예전보다 더 쉬워집니다.

─────────────────────────────

동기는 시작하게 만들지만 습관은 계속하게 만든다.

_ 짐 라이언(소니 컴퓨터 엔터테인먼트 유럽 CEO)

여러분이 맛있는 치킨을 원 없이 먹을 수 있다고 생각해보죠.
처음 먹는 치킨 한 조각은 아주 바삭바삭하고 입 안에서 살살 녹
을 겁니다. 이보다 더 맛있을 수 없겠죠. 두 번째 조각도 아마 비슷
하겠죠.

그런데 서너 조각째부터는 처음만큼 맛있지는 않습니다. 그래
도 먹을 수는 있습니다. 계속 먹어서 한 스무 조각쯤 먹고 나면 어

● ● ●

떨까요? 이제는 치킨을 먹는 게 좀 불쾌해지기 시작합니다. 그러고도 몇 조각을 더 먹은 다음에는? 이제 치킨을 더 먹으라고 하면 화가 날지도 모릅니다. 한동안은 치킨 냄새도 맡기 싫어지겠죠. 그렇습니다. 간단히 말해서 좋았던 건 계속하면 덜 좋아집니다. 심지어는 아예 싫어지기도 합니다.

반대로 이번에는 여러분이 아주 쓴 칡즙을 먹어야 하는 상황을 생각해봅시다. 처음 한 모금은 정말 씁니다. 심하면 구역질이 날 수도 있어요.

그 다음 한모금도 씁니다. 하지만 처음만큼 쓰지는 않아요. 여기서 몇 모금 더 마시면? 확연히 처음만큼 쓰지는 않습니다. 그렇게 몇 잔을 마시다 보면 이제 쓴 맛은 희미해집니다. 심지어 얼핏 단맛까지 느껴지기 시작합니다. 그렇습니다. 간단히 말해서 싫었던 건 계속하면 덜 싫어집니다.

다시 게임을 예로 들어보죠, 여러분이 즐기는 게임이 뭐든 그 게임을 처음 시작했을 때가 기억나요? 그 게임이 LOL이라면, 거기서 첫 유효타를 날렸을 때 기분이 어땠나요? 처음 승리를 따냈을 때는 또 어땠죠? 엄청나게 짜릿했을 겁니다. 저는 월드오브탱크(월탱)에서 그랬습니다.

월탱에 처음 들어갔을 때는 뭐가 뭔지 하나도 몰랐습니다. 하지만 제대로 킬수 하나를 올린 순간, 그러다가 내가 끝까지 남아서 승리를 거둔 순간의 기분은 아직도 기억납니다. 상대팀 탱크가

2장 습관에 대해 제대로 알고 이해하자 ● ●

3대 남고 나 혼자 막판까지 남은 판이었습니다. 달려드는 상대 탱크를 하나씩 잡을 때마다 제 맥박 수는 거의 분당 50씩 높아지는 기분이었죠. 마지막 전차와 숨바꼭질을 할 때는 정말 심장이 터질 것 같았습니다. 그 판에서 승리한 뒤, 그날 게임은 끝냈습니다. 다른 평범한 게임으로 그 깔끔한 쾌감을 희석시키고 싶지 않았거든요.

지금도 월탱을 하지만 그때만큼 흥분되는 순간은 잘 오지 않습니다. 물론 요즘도 가끔은 극적인 순간을 경험하곤 합니다. 하지만 그때의 그 심박수는 다시는 오지 않을 겁니다. 감정이 둔해진 겁니다. 상대방에게 패배했을 때 느꼈던 원통함도 마찬가지입니다. 아슬아슬한 패배나 어이없이 죽었을 때의 기분 역시 시간이 지날수록 둔해지죠.

그래서 요즘 월탱을 할 때는 어떤 안정감 같은 게 있습니다. 두근거리는 흥분은 줄어드는 대신 여기서 어떤 일이 일어나도 나는 끄떡없다는 자신감, 일희일비 하지 않을 수 있다는 자신감이 생겼다고나 할까요.

감정이 습관을 통해서 자존감으로 바뀐 겁니다. 월탱을 나쁜 방식으로 했다면 이 느낌은 자괴감이 되었을지도 모릅니다.

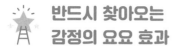

## 반드시 찾아오는
## 감정의 요요 효과

다른 일도 비슷합니다. 쾌감이든 불쾌감이든 시간이 지나면 둔해집니다.

심리학에서는 이를 '감정의 반대과정(Opponent Process of Emotion)'이라고 합니다. 모든 감정에는 그림자에 해당하는 정반대 감정이 따라다닙니다. 예를 들어 공포라는 감정을 느끼면 뒤늦게 안도감이라는 감정이 생깁니다. 여기서 공포라는 감정이 본체라면, 안도감은 그림자라 할 수 있죠. 처음 본체 감정을 느낄 때는 그림자 감정이 자극을 받아도 뒤늦게, 아주 약하게 올라옵니다.

공포영화를 보다가 깜짝 놀랐을 때를 떠올려보세요. 처음에는 공포감이라는 본체 감정만 느껴지죠. 근데 그 무서운 장면이 지나가고 나면 뒤늦게 꾸물꾸물 안도감이 슬쩍 올라옵니다. 흥미로운 건 그 다음부터입니다. 이 본체 감정이 발동하는 일이 자꾸 반복되면 본체 감정은 전보다 약해지고, 반대로 그림자 감정은 조금씩 더 강해집니다. 그림자가 발동하는 시점도 점점 앞당겨지고요.

공포영화를 아주 많이 본 사람들은 무서운 장면을 보면서 공포심을 별로 느끼지 않습니다. 오히려 그 장면이 지나면 편안한 마음으로 다시 또 무서운 장면이 나올 때를 기다려요. 본체와 그림자의 관계가 역전되면서 안도감이 공포감을 이긴 거죠.

2장 습관에 대해 제대로 알고 이해하자 ● ●

다른 곳에서도 이런 과정이 일어납니다. 어떤 일을 하며 고생을 많이 한 사람들은 나중에는 고생했다는 감정보다는 뿌듯함이 더 커집니다. 본체 감정이 강하면 강할수록 그림자 감정도 같이 강해집니다. 예를 들어 짜증을 낸 사람들은 잠시 후에는 너그러워지는데, 짜증이 강렬할수록 그 뒤에 찾아오는 너그러움도 더 두터워지는 경향이 있죠.

이 반대과정 이론은 어떤 열정적인 감정으로 시작한 일들이 오래가지 못하는 이유를 잘 설명해줍니다. 처음부터 불타는 열정으로 공부를 시작한 A라는 친구가 있다고 치죠. 이 A에게는 지금 공부하려는 열정, 다시 말해서 공부에 대한 강렬한 욕구라는 감정이 가득한 상태입니다.

그런데 이 감정이 본체 감정이라면 그림자 감정도 있겠죠. 공부에 대한 강렬한 욕구의 반대 감정은 뭘까요? 공부 안 하고 늘어져 있고 싶은 마음? 뭐 그런 거라고 치죠. 공부하는 첫날이 지나고 둘째날이 되었습니다. 여전히 A는 공부하려는 감정을 가지고 있죠. 하지만 첫날만큼 강렬하지는 않습니다. 반대로 공부하기 싫은 감정은 어제보다 조금 더 커졌을 겁니다. 사흘째, 나흘째… 반복될수록 공부하려는 감정은 약해집니다. 반대로 이제는 공부하기 싫다는 감정이 스멀스멀 커지고요. 그 결과, 감정의 요요 효과가 찾아옵니다.

여러분의 경험을 돌이켜보세요. 작심삼일, 굳은 결심이 삼일을

동기를 지나치게 불태우면 반드시 요요효과가 온다.

못간 경험들 말입니다. 작심삼일이 끝나면, 결심하기 전 상태로 되돌아갔던가요?

아닐 겁니다. 여러분은 그 실패한 작심삼일의 결심을 하기 전보다 더 한심한 상태가 되어 있었을 겁니다. 왜냐하면 이전에는 그래도 해보려는 동기라도 있었는데, 작심삼일이 끝난 뒤에는 그 동기조차도 사라졌거든요. 남는 건 한 번 더 깎여나간 자존감뿐입니다. '내가 이런 것도 못하다니. 나는 이렇게 한심한 놈이구나'라는 생각만 남기고 강한 결심은 사라져버린 거죠. 그게 감정의 요요 효과입니다.

# 처벌보다는 보상이
# 훨씬 더 효과적이다

처벌보다는 보상을 통해 행동을 바꾸는 것이 더 효과적입니다.
처벌이나 비난은 자존감을 깎아먹는 등 부작용이 많습니다.

습관을 바꾸는 수단으로 혼을 내거나 야단을 치는 건 어떨까요? 사실 많은 부모들이 생각하고, 실제로 행동으로도 옮기는 아이디어이기도 합니다.

그리고 이 책을 읽는 여러분들 중에도 이런 불쾌한 자극, 흔히 말하는 벌을 주면 행동이 고쳐진다는 생각을 하는 친구들이 의외로 많습니다. 대개 그렇게 생각하는 사람들은 자기는 빼고 남들에 대해서만 그렇게 생각합니다. 심리학자인 저도 왜 그러는지는 잘 모르겠습니다. 부모님으로부터 전염되어서일 수도 있고(부모님도 자신을 벌 줄 생각은 안 하죠), 그냥 자기중심적인 인간의 본성일 수도 있습니다. 어쨌든 혼내기나 야단치기의 효과를 생각해봅시다.

혼내거나 야단치는 것을 좀더 객관적인 단어로 바꾸자면 '비난하기'라 할 수 있습니다. 누군가를 야단치는 내용을 보면 결국 그 사람의 행동을 비난하거나("넌 왜 아직까지 게임을 하고 있니?"), 그 사람 자체를 비난하는("넌 도대체 어떻게 돼먹은 애니?") 것들입니다.

비난은 보상이 아니라 처벌입니다. 그리고 처벌 중에서도 심리적인 처벌입니다. 그렇다면 이 비난 혹은 처벌은 어떤 효과를 발휘할까요?

스키너 박사는 처벌은 부작용만 많고 효과는 없다고 봤습니다. 바람직하지 않은 행동을 없애려고 처벌을 하는 건데, 처벌을 하면 행동이 없어지지 않고 오히려 이상한 다른 행동들이 생겨난다는 겁니다. 스키너가 든 이유는 크게 세 가지였습니다.

첫 번째 이유는 우리는 어떤 행동을 한 다음에 처벌을 받으면, 내가 그 행동을 해서 처벌을 받았다고 받아들이지 않는다는 겁니다. 그보다는 행동은 행동대로 하고서 처벌을 피하는 방법을 찾아내려고 듭니다. 한마디로 말해서 벌 받을 행동을 안 하는 게 아니고 벌만 피하려 든다는 겁니다.

그러면 이제 숨바꼭질이 벌어집니다. 벌 받을 행동을 몰래 하는 자녀와 그걸 찾아내서 벌을 주려드는 부모의 숨바꼭질 게임. 아이는 그 과정에서 많은 것을 배웁니다. 부모가 잘 못 보는 사각지대가 어딘지, 어떤 상황에서 부모가 벌을 주기를 꺼리는지, 부모의 약점이 뭐고 내가 어떤 면에서 약삭빠른지 등등….

그렇게 배운 건 나중에 다른 곳에서 잘 사용되기도 합니다. 어쨌든 처음 의도는 어떤 행동을 못하게 하려던 거였는데, 일이 이상하게 흘러갑니다.

문제는 이런 일이 반복될수록 아이가 유능해진다는 겁니다. 갈수록 부모가 이 숨바꼭질 게임에서 이기기 힘들어집니다. 그러면 부모는 처벌을 주기 위해서 더 많은 비용을 들이게 됩니다.

두 번째 이유는 처벌은 행동과 연합되지 않고 처벌을 주는 사람과 연합되기 쉽다는 겁니다. 어떤 행동을 한 아이에게 벌을 주면 아이는 내가 그 행동을 해서 벌을 받았다고 생각하기보다는 그냥 '부모에게 벌을 받았다'고 생각합니다. 당연한 일입니다. 처벌을 받는 그 순간 가장 가까이에 있고 실제로 그 처벌을 가하는 존재는 부모이니까요. 그래서 처벌 받은 기억은 곧장 부모와 연결됩니다. 이제 아이의 감정에 변화가 생깁니다. 부모를 예전과는 다른 태도로 대할 수도 있고, 집에 대해서 다른 감정을 느낄 수도 있을 겁니다. 대부분은 부정적인 쪽이죠.

많은 부모들이 정말로 이런 변화를 걱정하고, 실제로 경험하기도 합니다. 그래서 처벌을 주고 나서 다시 아이의 감정을 달래기 위해서 보상을 주는 경우도 있습니다. 그러면 결과는 아예 처벌을 안 주는 것보다 더 나빠집니다. 어떤 아이는 처벌을 기다립니다. 왜? 처벌 받으면 조만간 보상을 받을 테니까요.

## ☀ 처벌이나 비난은 부작용이 더 많다

세 번째 이유는 대안이 없다는 겁니다. 처벌은 어떤 행동을 하지 않는 법을 가르치려는 겁니다. 그런데 우리는 주로 뭘 '하는 법'을 배웁니다. 물론 무엇을 하지 않는 법을 배우는 것도 가끔은 중요합니다. 뜨거운 주전자에 손을 대면 안 된다, 횡단보도 신호가 빨간 불일 때 건너면 안 된다, 아무한테나 아무 때나 장난을 치면 안 된다 같은 것들을 배워야 사고를 안 치겠죠.

하지만 대개는 안 되는 것들은 해도 되는 것들과 함께 배우게 됩니다. 주전자의 물은 원래 마시라고 있는 것이고, 횡단보도는 원래 건너라고 만들어진 것이며, 친구들끼리 장난치는 건 즐거운 놀이죠. 그러니까 금지사항은 원래 뭔가를 할 때 주의사항으로 곁들여지는 내용입니다.

그런데 게임을 하지 말라는 건 그냥 막다른 길입니다. 게임을 하지 않는 대신에 뭘 할까요? 공부요? 게임하기에 대한 비난은 그냥 그 행동과 행동을 하는 사람에 대한 비난일 뿐입니다. 대신 뭘 하라는 메시지는 거기에 없습니다.

물론 비난을 받은 아이는 어떤 행동을 배우긴 합니다. 아이는 자신을 비난하는 부모로부터 남을 비난하고 처벌하는 법을 배우죠. 학교에서 또래들에게 폭력적인 아이들 중에는 집에서 부모에게 비슷한 처벌을 상습적으로 받던 아이들이 꽤 있습니다(전부 그런 건 아닙니다만). 학교폭력의 피해자가 다른 곳에서 비슷한 짓을 하는 가해자가 되는 경우가 많은데 마찬가지입니다. 처벌을 받으면 처벌하는 법을 배우게 됩니다.

마지막으로 자존감을 깎아내립니다. 모든 사람들은 자존감을 먹고 삽니다. 자기가 나름대로 괜찮은 존재라는 믿음을 확인하고 좀더 나은 존재가 될 수 있으리라 기대하는 것. 그게 우리가 사는 이유입니다. 좋은 습관을 지속하게 만드는 에너지원은 바로 그 자존감입니다. 우리가 좀 귀찮거나 힘들지만 할 만한 가치가 있는 일을 조금씩 해냈을 때 얻는 보상의 핵심이 자존감이고, 또다시 그 귀찮은 일을 하게 되는 이유도 자존감 때문입니다. 그런데 처벌이나 비난은 바로 그 자존감을 깎아먹습니다.

자존감이 낮아지면 다시 높이려고 노력하기보다는 노력할 동기가 사라지게 됩니다. 비난을 하는 부모는 자녀가 자신의 비난을 듣고는 '아, 내가 잘못했구나. 다시는 그러지 말고 이제부터 공부해야지'라고 생각하고 행동하기를 기대하는데, 실제로는 '나는 한심한 놈이구나. 에라, 이왕 욕먹은 거 게임이나 더 하지 뭐', 이렇게 흘러가기 쉽습니다.

# '향상'이라는
# 은근한 보상이 좋다

내적인 보상의 최고봉은 내가 예전보다 더 나아졌다는 느낌입니다.
이 느낌에 의해 움직일 때 건강하고 아주 든든한 습관을 가지게 됩니다.

이제 정답을 알려드리겠습니다. 정답은 '공부에 대한 갈망, 공부로부터 얻는 보상'입니다. 이게 뭔 소리냐! 어이가 없을 분도 있을 겁니다. 대부분 다음과 같은 의문이 들 겁니다.

이 세상에 도대체 누가 공부에 대한 갈망을 가지고 있나? 그리고 공부를 하고 나면 도대체 무슨 보상이 생기나? 공부를 한다고 해서 상금을 받는 것도 아니고 그냥 공부 자체로 얻는 보상? 그게 도대체 뭔데?

여러분 주변을 둘러보십시오. 공부하는 걸 좋아하는 사람들이 분명히 있습니다. 그리고 진짜 공부로 성과를 얻는 사람들은 정말 공부 자체가 좋아서 하는 사람들입니다. 공부가 재미있고, 공부하고 나면 뿌듯하고 기분이 좋아지고…. 그래서 공부를 하는 겁니다. 우리가 게임을 할 때 재미있는 것처럼, 공부도 원래 재미있는 겁니다.

아직 제 말이 비현실적이라고 느끼는 친구들이 많을 겁니다. 지금까지 한 번도 그런 적이 없을 수 있습니다. 진심으로 공부를 하고 싶다는 감정을 느낀 적이 한 번도 없을 수 있어요. 많은 학생들에게 공부는 해야 하니까 억지로 하는 거지, 단 한 번도 내가 정말 하고 싶어서 하는 게 아니었을 수 있습니다. '공부가 정말 하고 싶어서 하는 거라면 내가 뭐 하러 이따위 '습관 책'을 읽고 있겠어? 지금 게임하듯 공부도 알아서 신나게 하고 있을 텐데.' 그렇죠?

아닙니다. 그건 여러분이 잘못된 겁니다. 원래 공부는 재미있습니다. 진짜 공부하는 사람들은 그냥 공부를 해야겠다는 생각이 듭니다. 그리고 공부를 하고 나면 만족스럽습니다. 도대체 어떻게 하면 그럴 수 있을까요?

제가 늦게까지 공부를 시작한 건 학교에서 강제자율학습(모순된 단어죠)을 시켜서였습니다. 덕분에 처음으로 학교에서 밤늦게까지 공부를 했죠. 공부를 마치고 집으로 가는 길은 어두웠습니다. 겨울이 가까워올수록 귀가시간의 하늘은 더 어두워졌고, 나중에는 정말 깜깜한 밤에 단짝 친구 한 명과 같이 터덜터덜 집으로 걸어가곤 했죠.

그런데 그 컴컴한 밤길을 걷는 제 기분은 나쁘지 않았습니다. 후련하고 홀가분한 기분이었습니다. 하나라도 더 많은 단어를 외운 날일수록 그 기분은 더 뚜렷해졌습니다. 당시 저는 그 홀가분함의 정체를 잘 몰랐습니다.

거의 십 년이 지나, 논문을 쓰거나 발표를 준비하느라 학교 연구실에서 시간을 보내고 밤 늦게 귀가할 때쯤, 저는 그 기분의 정체를 깨달았다. 그건 뿌듯함이었습니다. '내가 오늘 하루를 꽤 잘 보냈구나'라는 느낌. '적어도 오늘은 내가 할 수 있는 걸 다 했다'는 인식의 결과물이었습니다.

이 느낌이 하루 공부의 보상입니다. 저는 모든 학생이 다 공부를 잘해야 한다고 생각하지는 않습니다. 하지만 학생이라면 한 1~2년 열심히 공부하는 건 당연합니다. 공부는 학생의 일이니까요. 자기에게 주어진 일을 하루 동안 열심히 했다면, 누구나 이 기분을 느낄 수 있습니다.

물론 처음에는 그 기분이 아주 희미합니다. 하지만 하루, 이틀 비슷한 밀도의 날이 반복될수록 그 기분은 조금씩 진해집니다. 이 기분은 천천히 시작되지만 그만큼 길게 지속됩니다. 그리고 같은 날이 반복될수록 우리는 이 기분을 기대하며 하루를 시작하게 됩니다.

## ⭐ 내가 예전보다 나아졌다는 뿌듯한 느낌이 최고

학업능력이 향상되고, 결과적으로 성적이 오르는 것도 공부의 보상입니다. 하지만 이런 보상은 최소한 몇 주, 어떤 경우에는 몇 개월이 걸리기도 합니다. 당장 주어지지 않죠. 반면에 그저 학생이 해야 할 일을 원칙대로 마쳤을 때 느끼는 뿌듯함은 소소한 보상입니다. 그런데 장기적으로는 이 뿌듯함이 진짜 강력한 보상이 됩니다. 이 느낌의 본질은 '어제의 나보다 오늘의 내가 조금 더 나아졌다'는 인식인데요, 머리로는 그걸 몰라도 몸이 아는 겁니다.

뿌듯함이 쌓이면 그게 자존감이 됩니다. 자잘한 뿌듯함을 무시하지 마세요. 자잘한 감정은 자잘하기 때문에 쉽게 사라지지도 않습니다. 큰 상 하나 받아서 생긴 자존감은 딱 그 상의 무게만큼 유지됩니다. 대략 다음 번 수상자가 나올 때까지가 유효기간입니다. 하지만 매일 자잘하게 쌓아올린 뿌듯함이 주는 자존감은 남에게 자랑하기도 뭣한데, 그렇게 자랑할 수 없어서 오히려 더 오래갑니다.

'남모르게', 이 핵심을 잊지 마세요. 나만 아는 자존감의 원천이 나를 건강하게 해줍니다. 선행을 하는 사람들이 남 몰래 하는 이유도 그 때문입니다.

더 중요한 건, 좋은 행동은 멈추었을 때 티가 난다는 점입니다.

2장 습관에 대해 제대로 알고 이해하자 ● ●

좋은 습관이 주는 보상의 본질은 '향상'입니다. 다시 말해서 좋은 습관이 계속 유지될수록 여러분의 삶은 조금씩 조금씩 향상됩니다. 여러분이 당장은 그 작은 향상을 인식하지 못해도 몸은 그걸 느낍니다. 뭔가 더 좋아진다는 걸 몸이 눈치 챘기 때문에 기분이 좋아지는 겁니다.

그러면 언제 내가 좋은 습관을 가지고 있는지 깨닫게 될까요? 바로 그 습관을 중단했을 때입니다. 그때 결핍의 감정이 스멀스멀 생겨나기 시작합니다. 그 결핍 감정의 내용은 결국 '내가 지금까지 뭘 얼마나 누렸는지'에 대한 깨달음입니다.

그러니까 습관을 통해 최소한도의 좋은 기분을 느껴본 사람들만이 결핍 감정을 느낄 수 있습니다. 예를 들어 매일 맛없는 음식만 먹었던 사람은 맛있는 음식에 대한 갈망이 없을 겁니다. 맛있다는 게 뭔지도 모를 테니까요. 하지만 맛있는 음식을 몇 번 먹어본 사람은 다시 맛없는 음식을 먹는 게 힘들어집니다. 그리고 맛있는 음식에 대한 갈망이 생겨납니다. 그 갈망 속에는 내가 저번에 먹었던 음식이 얼마나 맛있었는지에 대한 깨달음이 담겨 있습니다.

앞서 '결핍은 갈망을 유발한다'고 말씀드렸습니다. 이 갈망이 중요한 이유는, 이 갈망이 행동을 하려는 동기가 되기 때문입니다. 즉 갈망은 행동의 에너지원입니다. 갈망이 없으면 우리는 아무런 행동도 하지 않습니다.

# 좋은 습관은
# 그 자체가 보상이다

좋은 습관은 나를 향상시키고, 그 향상의 느낌이 만족감을 줍니다.
향상을 갈망할 때 우리는 좋은 습관을 계속 유지하게 됩니다.

---

미래에 대한 최선의 준비는 오늘 최선을 다하는 것이다.

_ 잭슨 브라운(미국의 가수)

대부분의 좋은 습관은 그 자체에 보상이 있습니다.

제가 가진 몇 안 되는 좋은 습관 중에서 '퇴근 후 집에 들어서자마자 청소하기 습관'을 예로 들어보겠습니다. 청소는 귀찮습니다. 그래서 시작할 때 가끔은 이걸 꼭 해야 하나 싶기도 합니다. 하지만 일단 청소를 하면 생각이 바뀝니다. 우선 예상보다 청소하는데 시간이 짧게 걸립니다. 특히 매일 청소할수록 청소는 더 쉬워

2장 습관에 대해 제대로 알고 이해하자 ● ●

집니다. 매일 하니까 어질러진 물건도 적고, 먼지도 많지 않고, 청소하는 기술도 늘어나거든요. 그리고 청소가 끝나고 나면 뿌듯해집니다.

앞에서도 말했지만 뿌듯함, 이것만큼 대단한 보상도 드뭅니다. 뿌듯함의 보상효과는 물론 처음에는 잘 느껴지지 않습니다. 하지만 조금씩 축적되면 그 진가를 알게 되죠. 나중에는 친구들과 술을 마시고 있다가도 청소하기 위해서 일찍 귀가하기도 합니다. 밤이 늦어서는 시끄럽게 진공청소기를 돌릴 수 없으니 저녁 9시 전엔 집에 들어와야 하거든요.

그러면 제가 매일 청소를 하다가 며칠 안 하면 어떻게 될까요? 우선 집 곳곳에 먼지가 눈에 띕니다. 여기저기 떨어진 머리카락도, 바닥의 얼룩도 눈에 보입니다. 그리고 청소에 대한 갈망이 생겨납니다. 하루는 어떻게 참을 수 있습니다. 조금 편하기도 하죠. 하지만 이틀, 사흘, 나흘이 되면 갈망이 도저히 참을 수 없는 수준까지 커집니다. 그쯤이면 어떻게든 청소를 하지 않으면 불편해서 견디지 못하게 됩니다.

그런데 청소를 하지 않고 지내는 습관이 있는 A라는 아이가 있다면 어떨까요? A는 자기 집이 더럽다는 인식조차 아예 못할 겁니다. 남들의 눈에는 A의 집이 점점 쓰레기장이 되어가도, 본인은 별로 문제의식을 느끼지도 못합니다. 바로 이게 아주 중요한 차이입니다.

좋은 습관은 뭔가에 대한 갈망을 유발합니다. 하지만 나쁜 습관은 갈망에 의해 유지되는 게 아닙니다. 나쁜 습관은 여러분으로 하여금 갈망이 사라지도록 이끌어갑니다.

A가 청소를 하지 않는 이유는 집을 쓰레기장으로 만들려는 갈망 때문이 아닙니다. A에겐 청결함에 대해서는 아무런 갈망이 없습니다. 더럽히는 습관이 있는 게 아닙니다. 청소를 하는 습관이 없을 뿐이죠. 하지만 그 결과는 완전히 다릅니다.

[주의: 대부분의 나쁜 습관은 갈망을 소멸시킨다고 했습니다만, 예외가 있습니다. 담배나 술 같은 물질을 계속하는 습관은 그 물질에 대한 갈망에 의해 계속됩니다. 그 갈망은 화학적인 갈망입니다. 이렇게 화학적인 갈망에 의해 조종되는 상태를 '중독'이라고 부릅니다.]

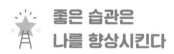

## 좋은 습관은 나를 향상시킨다

마음속으로는 '공부해야지'라고 하면서도 실제 행동으로는 게임을 하고 있는 친구들을 생각해보죠. 저는 그 친구들이 정말 게임을 하고 싶은 갈망을 가지고 있다면, 그것도 괜찮다고 생각합니다. 그러면 최소한 게임 속에서 즐거움도 느끼고, 게임 실력도 향상되고, 성취감이나 뿌듯함도 느낄 겁니다. 공부하며 느끼던 스트레스도 해소되겠고요.

이때는 게임을 제대로 즐긴다고 할 수 있습니다. 그러려면 게임 말고 해야 할 일(공부나 집안일 같은)을 반드시 같이 해야 합니다. 모든 건강한 동물들과 마찬가지로, 인간은 자신이 향상되는 상태에서만 즐거움을 느끼기 때문입니다.

반면에 게임에만 미쳐 사는 게임 폐인들은 게임을 하고 싶어서 하는 게 아닙니다. 그들은 진짜 해야 할 일에 대한 갈망이 없어졌기 때문에, 해야 할 일을 하지 않을 이유를 단지 게임 속에서 찾을 뿐입니다. 알고 보면 그들은 게임을 제대로 즐기지도 못하고 있습니다. 그 친구들에게 있어 게임은 그저 도피처에 불과합니다. 즐겁지도 않은 게임을 그저 억지로 하는 거죠. 게임 자체가 재미가 없으니까 자꾸 게임을 가지고 도박으로 만들거나 다른 문제를 일으키기도 합니다. 그러기라도 해야 뭔가 자극이라도 느낄 수 있을 테니까요.

요약하자면, 좋은 습관은 향상에 대한 갈망을 유발합니다. 좋은 습관은 갈망을 통해 더 좋은 습관으로 이끌어갑니다. 반면에 나쁜 습관은 갈망을 죽입니다. 나쁜 습관은 뭔가를 하려는 욕구를 소멸시켜서 결국 여러분의 생명력을 갉아먹습니다.

좋은 습관은 최소한 그게 습관으로 자리를 잡기만 하면, 잘 사라지지 않습니다. 그 자체가 보상을 발휘하면서 여러분으로 하여금 계속 그 습관을 유지하게 만듭니다.

　이게 보상이 되는 건 앞서의 4단계에 사실 하나의 추가 요소가 숨겨져 있기 때문입니다. 이건 '느껴보기'라는 말로 표현할 수 있는 단계입니다. 어떤 행동을 하고 결과를 얻으면 우리는 그 결과를 느끼게 됩니다.

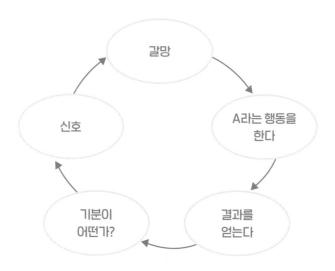

여기서는 습관을 바꾸는 방법을 다룹니다. 습관을 바꾸기 위해서는 이미 있던 습관과의 전쟁에서 이겨야 합니다.

수확의 법칙은 씨앗을 뿌린 것보다 더 많이 거두는 것이다. 행동이라는 씨앗을 뿌리면, 습관을 얻게 된다. 습관을 심으면 인격을 얻을 수 있다. 인격을 심은 곳에서 여러분의 운명을 거두게 된다.

The law of harvest is to reap more than you sow. Sow an act, and you reap a habit. Sow a habit and you reap a character. Sow a character and you reap a destiny.

_ 제임스 앨런(영국의 작가, 『생각하는 대로』의 저자)

3장

HABIT

어떻게
**좋은 습관으로
바꿀 것인가?**

# 나쁜 습관과의
# 전쟁을 선포하자

새로운 좋은 습관이 자리 잡으려면 나쁜 습관과 싸워 이겨야 합니다.
여러분이 이제 새로 들이려는 습관에게 지원사격을 해줘야 합니다.

---

습관들이기 훈련을 하는 사람들이 하는 큰 착각 중 하나가 지금 자신이 할 일이 새로운 습관을 들이는 것이라고 생각하는 겁니다. 새로운 습관을 체화하는 것이 이 책의 본론 아니냐고요?

맞습니다. 맞긴 맞는데, 중요한 거 하나를 빼먹었습니다. 여러분은 습관을 새로 들이기 전에 이미 있던 습관을 없애야 합니다. 습관은 고쳐서 쓰는 게 아닙니다. 있던 걸 없애고 새로 들이는 겁니다. 그러려면 이미 있던 습관과 새로 들여놓을 습관이 서로 경쟁할 수밖에 없습니다.

그렇습니다. 습관들이기는 전쟁입니다. 기존 습관과 새 습관 간의 전쟁이죠. 새 습관이 자리 잡으려면 이미 그 자리에 있던 습관을 밀어내고 없애야 합니다.

스포츠 강사들이 공통적으로 하는 말이 있습니다.

"아예 생초보를 가르치기는 오히려 쉬운데, 어설프게 배운 초보 가르치기는 훨씬 더 어렵다."

왜냐하면 생초보는 올바른 자세를 가르치기만 하면 되는데, 어설프게 배운 초보들은 이미 나쁜 자세가 몸에 배어 있어서 그것부터 지워야 하기 때문입니다. (게다가 자기도 어디서 주워들은 거 있다고 강사 말 안 듣고 고집부리기도 추가되죠.)

지금까지 여러분이 시도했던 습관들이기 노력이 실패한 이유도 대부분 여기에 있습니다. 이미 있던 습관을 생각하지 않고 '새 습관 들여오기'만 신경 썼기 때문입니다. 아무리 새 습관이 바람직하고 장기적으로 이익이 되더라도 이미 있던 습관의 힘을 이기지 못하면 결코 살아남을 수 없습니다.

그렇다면 그 오래된 습관의 힘은 어디서 올까요? 나를 실패하게 만들고 실망과 좌절과 자기비하의 길로 이끌기만 했던 그 나쁜 습관들이 계속 버티는 이유는 뭘까요? 바로 관성 때문입니다. 우리 몸과 마음은 가능하다면 예전에 하던 대로 하고 싶어 합니다. 그렇게 살다가 나중에 나쁜 결말을 맞이한다고 해도 상관하지 않습니다. 그냥 하던 대로 하는 게 제일 좋은 겁니다.

오직 그렇게 하던 대로 할 수 없을 때만, 강력한 저항을 만났을 때만 우리는 어쩔 수 없이 다른 걸 해보게 됩니다. 그러면서도 틈만 나면 다시 예전으로 돌아가려고 합니다.

## 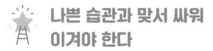 나쁜 습관과 맞서 싸워 이겨야 한다

예전 학부시절에 읽은 정신병리학 교재에서 아직도 기억나는 구절이 있습니다. 어떤 병증을 치료하는 데 필요한 시간은 그 병증이 지속되어온 시간보다 작을 수 없다는 겁니다. 예를 들어 우울증이 5년간 계속되었다면 그 우울증을 치료하는 데도 최소 5년은 잡아야 한다는 거죠. 습관도 마찬가지입니다. 어떤 습관이 10년 동안 지속된 거라면 그 습관을 완전히 지우는 데도 최소 10년이 필요하다고 봐야 합니다.

이건 좋은 이야기이기도, 무서운 이야기이기도 합니다. 만약 여러분이 좋은 습관을 5년쯤 지속해왔다면, 그 습관은 잘 지워지지 않을 겁니다. 그 습관에는 최소 5년은 지속될 힘이 내장된 겁니다. 좋은 습관은 오래 지속하는 것만으로도 그 자체의 힘이 생겨나서 여러분을 지켜주고 바른 길로 인도하게 됩니다.

반면에 여러분이 나쁜 습관을 5년쯤 지속했다면, 그 나쁜 습관 역시 5년은 버틸 힘을 가지고 있을 겁니다. 게다가 지금 그 습관을

아무리 좋은 습관이라도 이미 당신 뇌에 자리를 차지하고 있는
나쁜 습관과 싸워 이겨내지 않는 한 당신의 습관이 될 수 없다.

고치지 않으면 5년이 6년 되고, 6년이 7년 되면서 더 오래 버틸 힘이 생기겠죠. 습관은 늦게 고칠수록 더 고치기 힘들어집니다. 그리고 그렇게 버티는 동안 여러분을 계속 갉아먹을 겁니다.

우리의 몸과 마음은 이미 여러분이 태어난 이후 지금까지 쌓아올린 습관으로 가득 차있습니다. 여러분의 몸과 마음이 일종의 게임필드라고 생각해보죠. 이미 있던 습관들은 '고인물'들입니다. 새로운 습관을 들인다는 건 그렇게 고인 물로 가득한 전쟁터에 신참 하나를 집어넣는 거라 할 수 있습니다. 과연 살아남을 수 있을까요? 이런 판세에서 신참 습관이 이겨내는 건 웬만해서는 쉽지 않습니다. 그래서 새 습관을 들이기가 힘든 거고, 여러분이 새로운 습관이 자리 잡을 때까지 노력을 해야 하는 겁니다.

그렇다면 어떤 노력을 해야 할까요? 여러분이 이제 새로 들이려는 습관에게 지원사격을 해줘야 합니다. 그러려면 우선 여러분의 습관이 살아남아야 하는 동네의 특성부터 파악해야 합니다. 뭘 도와줘야 하는지 그것부터 알아야 할 거 아니겠습니까.

# 뭔가에 빠져드는 것, 그것도 습관이다

중독도 습관입니다. 나쁜 습관의 전형적인 예는 '행동중독'입니다.
행동중독의 특징을 통해서 나쁜 습관의 폐해를 살펴보겠습니다.

나쁜 습관의 순환고리는 여러 가지가 있습니다. 우리가 할 수 있는 나쁜 행동의 숫자만큼 많겠죠. 하지만 그 행동들에는 크게 다음 4개의 공통점이 있습니다.

첫째, 우리가 원해서 하는 것이 아닙니다. 담배를 피우는 사람들 대부분은 담배가 건강에 나쁘다는 걸 알고 있습니다. 체감도 하죠. 말로는 '끊어야지' 하면서 계속 피웁니다. 공부할 시간에 게임을 하는 친구들도 마찬가지일 겁니다. 내가 지금 게임을 하는 것이 아니라 공부를 해야 한다는 걸 잘 압니다. 하지만 이상하게 나는 지금 게임을 하고 있습니다. 이건 그 나쁜 습관이 이미 자동화되어 있기 때문입니다.

둘째, 기분이 나쁜 날일수록 더 많이 하게 됩니다. 나쁜 습관은 신기하게도 기분이 나쁜 날에 더 많이 튀어나옵니다. 긴장, 불안, 스트레스는 나쁜 습관을 자꾸 소환합니다. 사실 이건 의지력 때문입니다. 나쁜 습관을 막기 위해서 뇌가 의지력이라는 에너지를 사용하고 있는데, 스트레스를 받으면 의지력을 거기다 사용하느라 습관을 막을 에너지가 줄어들고, 그 틈으로 나쁜 습관이 기어 나오는 거죠.

셋째, 바꾸거나 고치려고 해도 어느 순간 다시 반복됩니다. 모든 습관은 갈망이라는 에너지원으로 작동한다고 말씀드렸죠. 네, 나쁜 습관에게도 갈망이 있습니다. 갈망은 원래 오래 하지 않을수록 더 커집니다. 한동안 나쁜 습관을 끊은 기간이 길어질수록 갈망이 커집니다. 그러다가 위와 같이 스트레스를 많이 받거나 하면 둑이 무너지듯 터져 나옵니다. 그래서 나쁜 습관에 대한 갈망은 막을 것이 아니라 새로운 좋은 습관에 대한 갈망으로 대체해야 합니다.

넷째, 하면 할수록 예전보다 더 많이 하게 됩니다. 나쁜 습관은 처음에는 작게 시작했어도 갈수록 더 많이 하게 됩니다. 이것은 좋은 습관도 마찬가지이지만 나쁜 습관은 그 정도가 더 심합니다. 왜냐하면 나쁜 습관 행동은 진정한 만족감을 제공하지 못하기 때문입니다.

앞서 좋은 습관이 주는 진짜 만족감이 향상되는 느낌이라고 말씀드렸습니다. 나쁜 습관은 그럴 수 없습니다. 나를 향상시켜주는 습관이면 더 이상 나쁜 습관이 아니죠. 그러니까 아무리 많이 해도 진정한 만족감을 느끼지 못합니다. 잠깐의 위안은 될 수 있습니다만, 하고 나면 후련한 게 아니라 공허해집니다. 문제는 그 공허감을 채우기 위해서 다시 그 습관에 의존한다는 겁니다.

## 행동중독도 습관이다

우리를 괴롭히고 힘들게 하는 나쁜 습관을 돌이켜보면 그게 무엇이든 위의 네 가지 특징을 가지고 있다는 걸 알게 될 겁니다. 사실 이 특징들은 영국의 심리학자 마크 그리피스 박사가 말한 '행동중독(behavioral addiction)'의 특징 중 일부입니다. 그리피스 박사는 행동중독의 특징 7개를 제시했습니다. 위의 네 가지 특징에 덧붙여 '갈등'(그 습관을 계속 하기 때문에 발생하는 주변 사람들과의 갈등, 습관 때문에 내가 해야 하는 일을 못해서 생기는 갈등), '금단증상'(그 습관을 계속하지 못하게 되면 몸과 마음이 비정상이 되어 분노나 짜증, 불안감에 휩싸이는 증상), 그리고 '현저성'(그 사람이 반복적으로 하는 행동 습관이 그 사람의 가장 뚜렷한 개성이나 특징이 되어버린 상태, 예를 들어 "A는 완전 게임 폐인이야!")이라는 세 가지 특징이 더 있죠.

이것들은 그냥 나쁜 습관의 특징이 아니라 나쁜 습관을 고치지 못하고 아주 심각한 수준까지 키웠을 때 나타나는 증상입니다. 이 특징까지 나타날 정도면 이미 그 친구의 삶은 완전히 망가졌을 겁니다. 그리고 나쁜 습관이 그 사람의 영혼까지 잠식해 들어가서 혼자 힘으로는 자신의 나쁜 습관을 고치기 어려울 지경일 수도 있습니다. 여러분은 아직 이 정도까지 나쁜 습관을 키우지는 않았겠죠. 만약 그랬다면 이런 책을 읽지도 않을 테니까요.

어쨌든 '행동중독'은 어떤 사람의 몸과 마음속에 심각하게 깊숙이 자리 잡은 습관이라고 할 수 있습니다. 습관의 힘이 너무 강해지면 그 사람의 일상생활 전체를 조종하게 됩니다. 자기가 원하거나 좋아서 그 행동과 습관을 계속하는 것이 아니라, 그걸 하지 않으면 도저히 살 수가 없기 때문에 질질 끌려가듯 어쩔 수 없이 하고 있는 상태입니다. 달리 말해서 행동중독은 습관의 노예가 된 상태라고 할 수 있습니다.

행동중독에 해당하는 습관은 여러 가지가 있습니다. 아침에 눈 뜨자마자 잠들기 직전까지 손에서 스마트폰을 놓지 않는 습관, 공부하러 가서 딴 짓만 하는 습관, 할 일을 미루고 미루다가 결국 대충하는 습관, 너무 늦게 자서 다음 날 할 일을 망치는 습관, 게임에 모든 시간과 돈을 투입하는 습관 등등.

이것들 대부분은 자기 자신도 문제라는 걸 알고 있습니다. 이걸 계속하다간 얼마나 나쁜 일이 벌어질지도 대충은 알고 있죠. 그러면서도 고치지 못하고 계속하고 있는 겁니다. 이런 습관은 전부 행동중독입니다.

그런데 이 행동중독도 결국 우리가 살펴본 습관의 특징을 그대로 가지고 있습니다. 그렇기 때문에 앞서 살펴본 습관의 원칙을 통해 왜 생겨나고 계속 유지되거나 더 나빠지는지 알 수 있습니다.

여기서는 지나치게 게임을 하면서 공부도 하지 않고 부모님과 관계가 망가지는 친구의 예를 들어보겠습니다.

# 나쁜 습관은
# 악순환을 부른다

게임 중독에 빠진 자녀와 부모 사이에서 어떤 나쁜 행동이 습관이 되고,
그 뒤에도 계속 순환하면서 어떻게 더 나쁘게 되어가는지를 살펴봅니다.

어떤 집의 저녁에 청소년 자녀와 부모 사이에서 벌어지는 일을
부모의 입장에서 써보겠습니다.

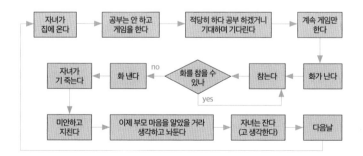

이건 습관이 형성되는 초반 단계입니다. 이렇게 보니까 정말 안타깝습니다. 하지만 저는 게임에 대한 강의를 하며 게임을 하는 자녀에게 이런 식으로 행동하는 부모님을 많이 봤습니다.

이 과정에서 부모와 자녀 사이에서 오가는 건 오로지 감정뿐입니다. 부모는 화를 내고 뒤늦게 미안해합니다. 아이는 그냥 하고 싶은 대로 하다가 감정의 벼락을 맞고 놀라서 잠이 들겠죠. 부모가 원했던 건 아이가 공부하고 적당히 게임하는 거였는데, 결국 원하는 결과를 얻지 못합니다. 아이는 공부를 하지는 않습니다. 그냥 게임하다 죄지은 기분에 자존감이 낮아진 상태로 하루를 끝내고 맙니다.

이 순환이 습관이 되면 양상이 좀 바뀝니다. 이제 자녀는 부모가 화를 낼 때까지 게임을 하면 됩니다. 부모가 화를 내면? 처음에는 미안하기도 합니다. 하지만 그 감정은 오래 안 갑니다. 이 일을 반복할수록 나중에는 미안함도 거의 없어집니다.

게다가 대개의 경우 일단 한 번 화를 낸 부모는 더 이상 화를 내지 않습니다. 이제 진짜 내 맘대로 게임을 할 수 있는 겁니다. 물론 공부해야겠다는 생각도 머릿속 어딘가에는 있을 겁니다. 하지만 부모에게 야단맞고 공부할 기분이 나겠습니까? 공부할 기분도 잡쳤으니 이 나쁜 기분을 어떻게 풀겠나요? 결국 답은 게임입니다.

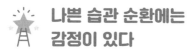

# 나쁜 습관 순환에는 감정이 있다

이걸 자녀의 입장에서 설명해보죠. 요약하면 일은 다음과 같이 진행됩니다.

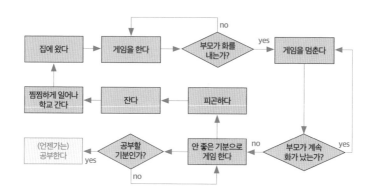

여전히 부모와 자녀 사이에 오가는 건 감정뿐입니다. 그 감정은 부정적인 감정이고, 게다가 힘이 빠진 감정입니다. 부정적인 감정이 오가다 보면 관계도 부정적이 됩니다. 부모는 자녀를 생각해서 많이 참았는데 자녀가 알아주지 않는다고 생각하니 한심하고 원망스럽습니다. 자녀는 부모가 자꾸 화를 내니 집에서 공부할 기분이 안 들고 계속 게임만 하게 됩니다.

게다가 이런 감정의 힘은 시간이 지날수록 약해집니다. 나중에는 무감동한 상태에서 서로의 감정을 무시하게 됩니다. 자녀는 그냥 집에 오면 부모 신경 쓰지 않은 채 게임을 하고, 부모도 자녀를 무시합니다.

그러다가 시험 성적이 나쁘게 나오는 등의 계기로 부모가 가끔 크게 폭발합니다. 물론 그 폭발도 곧 지나갑니다. 결국 감정이기 때문이죠. 감정은 에너지를 소모하고 사라집니다.

그렇다면 바람직한 순환은 어때야 할까요? 아이가 집에 오면 할 일이 정해져 있습니다. 씻고, 저녁을 먹고, 숙제하는 겁니다. 부모님은 여기까지 감독합니다. 그리고 다 했으면 자유시간입니다. 쉬거나 게임을 하거나 마음대로입니다. 그리고 어떤 아이는 예습도 할지 모릅니다. 이제 양치질을 하고 잠자리에 듭니다. 다음날 개운하게 일어나 다시 학교로 갑니다.

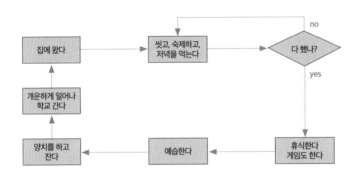

습관 순환으로 분석해보면 좋은 습관 순환에는 감정이 없다는 걸 알 수 있습니다. 자녀의 입장에서 특별히 공부하겠다는 열의에

불타는 것도 아니고, 부모님이 자녀에게 특별한 칭찬이나 상을 주지도 않습니다. 물론 아무도 화내거나 슬프거나 억울하지도 않고요. 그저 행동만 있을 뿐입니다. 습관이 자동화되어 있기 때문에 부모님이 특별히 간섭할 것도 없습니다. (따지고 보면 나쁜 습관 순환에서도 부모님의 간섭은 아무 효과가 없었습니다.)

게다가 좋은 습관 순환에서는 피곤한 사람이 아무도 없습니다. 감정을 소모하지 않으니 지칠 일도 없죠. 그래서 이런 습관 순환이 계속되면 부모님도, 자녀도 다른 많은 일을 할 에너지를 저축할 수 있습니다.

그러면 좋은 습관 순환을 만들려면 어떻게 해야 할까요? 작은 것부터 하나씩 바꾸어가야 합니다.

나쁜 순환고리와 좋은 순환고리의 차이는 어디서부터 시작될까요? 자녀가 집에 들어와서 처음 하는 행동에서부터 시작됩니다. 나쁜 순환에서 자녀는 집에 들어오자마자 뭘 해야 할지 정해져 있지 않습니다. 그러니까 게임부터 하는 거죠.

하지만 좋은 순환에서 자녀는 집에 들어오면 할 일이 명확합니다. 씻고, 숙제하고, 저녁 먹기죠. 부모님은 이것만 제대로 했는지 확인합니다. 집에 들어오자마자 이런 행동을 순서대로 하고 나면 부모님도, 자녀도 만족합니다. 그 다음에는 좋은 순환고리의 자녀도 게임을 할 겁니다. 하지만 편안한 마음으로 하겠죠. 부모님의 감정도 평온할 것이고요.

집에 들어 오자마자 뭘 해야 하는지 정해져 있으면 좋은 순환 고리가 시작됩니다. 그게 정해져 있지 않으면 언제든 나쁜 순환고리가 시작될 수 있습니다.

여기서 중요한 사실 하나. 대부분의 나쁜 순환 고리의 부모님들은 무조건 게임을 하지 말라고 합니다. 그런데 우리는 어떤 행동을 '하지 않는 법'을 배울 수는 없습니다. 우리가 배우는 건 어떤 행동을 '하는 법'입니다.

이건 부모님만의 이야기가 아닙니다. 여러분이 스스로 습관을 만들 때도 똑같이 중요한 원칙입니다. 우리는 게임을 하지 않는 법을 배울 수는 없습니다. 대신 게임보다 중요한 것을 먼저 하는 법을 배울 수는 있죠.

중요한 것부터 먼저 하는 습관은 처음에 만들기 시작할 때는 번거롭기도 하고 귀찮은데, 일단 습관이 정착되고 나면 많은 나쁜 습관 순환으로부터 우리를 보호해주는 방어막이 됩니다.

# 바늘 도둑이
# 소 도둑 되는 원리

시작 단계에서는 미세한 차이가 여러 번 반복되고 축적되면 확 커집니다.
지금의 우리는 모두 그런 축적의 결과물이라는 걸 알아야 합니다.

---

습관이라는 사슬은 끊어낼 수 없을 만큼 무거워지기 전까지는 느껴
지지 않을 만큼 가볍다.
Chains of habit are too light to be felt until they are too
heavy to be broken.

_ 워런 버핏(미국의 투자자)

마라톤 선수를 생각해봅시다. 그들은 두 시간 좀 넘는 시간에
42.195km를 뛰는 경기에 참여합니다. 이 선수들은 경기 당일만
그렇게 뛰는 게 아닙니다. 올림픽 마라톤 금메달리스트 이봉주 선

수는 현역시절 매일 트레드밀(러닝머신)에서 시속 16km로 100분씩 뛰었다고 합니다. 솔직히 말해서 저 같은 사람은 도저히 그렇게 할 수도 없고, 하고 싶지도 않습니다.

그런데 이 사람들은 어쩌다가 그렇게 된 걸까요? 에베레스트 산 같은 곳에 올라가는 사람들도 신기하긴 마찬가지입니다. 그들은 어떤 면에서 마라토너보다 더 심한 상태입니다. 그들 대부분은 무릎이 망가지거나 심각한 동상을 입거나 해서 도저히 더 이상 산을 탈 수 없게 될 때까지 산에 오릅니다. 그들 중에는 심지어 산에서 죽는 경우도 꽤 많습니다. 우리나라에서만 등산 도중 사고로 죽는 사람이 1년에 100명이 좀 넘는데, 그 중에는 전문 등반가들도 많습니다. 그러니까 전문 등반가들은 말 그대로 '죽을 때까지' 산을 오르는 겁니다. 그 사람들은 도대체 어쩌다가 그런 삶을 살게 된 것일까요?

"바늘 도둑이 소 도둑 된다"는 말이 있습니다. 아주 작은 잘못을 그냥 놔두면 나중에 엄청나게 큰 잘못을 저지르게 된다는 뜻이죠. 그런데 이 속담을 달리 말하자면 '처음부터 소 도둑은 없다'는 말이 됩니다. 모든 소 도둑은 바늘 도둑으로 시작한다는 거죠. 도둑이 아닌 사람과 소 도둑 사이에는 바늘 도둑이라는 좀 애매한 단계가 있는 겁니다. 그 바늘 도둑질은 도둑이 아닌 사람에서 소 도둑으로 건너가는 다리와 같은 셈이죠.

명백한 범죄인 도둑질에 비유하기는 정말 죄송한 일이지만, 도

덕적 가치판단을 제외하고 보자면 마라토너와 전문 등반가가 되는 과정도 본질적으로 같습니다. 그들은 거의 모두 바늘 도둑질만큼 아주 작은 것부터 시작한 사람들입니다.

 ## 현재의 우리는 모두
## 반복과 축적의 결과물

예를 들어 마라토너의 시작은 그냥 아주 짧은 거리의 달리기, 몇 분 안 되는 산책이었을 겁니다. 그런데 그 작은 경험이 쌓이다 보니 그보다 조금 더 달리고 싶어졌고, 그래서 좀더 멀리 뛰어보니 그보다 더 먼 거리를 달리고 싶어진 겁니다.

등반가들도 마찬가지입니다. 근처 뒷산 한 번 올라가기가 그분들의 바늘 도둑질에 해당합니다. 뒷산이라고 할 것도 없이 집 뒤 언덕인 경우도 많습니다. 그 작은 등산을 계속 하다 보니 좀더 높이 올라가보고 싶어졌고, 조금씩 조금씩 등반하는 산이 높아지다 보니 어느 순간 매킨리 봉이나 K2나 에베레스트를 올라가게 된 겁니다.

여러분도 분명 이와 비슷한 경험을 한 적이 있을 겁니다. 뭔가를 조금씩만 하다 보니 어느 순간 그 조금만으로는 감질나고 아쉬운데, 그런 아쉬움이 쌓이고 쌓여서 언젠가 한 번 날 잡아서 원 없이 해본 경험 말입니다. 매일 한 30분씩 감질나게 게임을 하다가 어느 날 몰아서 한 12시간 정도 게임에 쌓인 한을 풀어버린다거나 자전거로 통학만 하다 언젠가 그것만으로는 만족이 안 돼서 학교에 갈 일이 없는 날 일부러 자전거를 타고 좀더 멀리 달려보고, 그러다가 어느 날은 아예 전국 일주를 해 보는 등의 경험 말입니다.

중요한 건 시작과 결말 사이의 어마어마한 격차입니다. 어떤 게임 하나를 쉬지 않고 12시간 하는 사람을 생각해보세요. 처음 게임을 시작하는 사람 중에서 자기가 그 지경까지 갈 거라고 예측한 사람은 아마 없을 겁니다.

자전거 전국 일주도 마찬가지입니다. 이제 막 자전거 타기를 배운 사람에게는 상상도 할 수 없는 일이죠. 그런데 그동안 해왔던 작은 행동들이 그걸 가능하게 합니다. 감질나게 쌓아올린 바늘 도둑질이 축적되어 어느 순간 소 도둑질이 되는 겁니다.

문제는 모든 바늘 도둑질이 소 도둑질로 이어지지는 않는다는 점입니다. 그렇다면 어떤 바늘 도둑질이 소 도둑질까지 이어질까요? 아주 작은 행동입니다. 바늘 도둑질만큼 작은 행동이 더 큰 행동으로 이어집니다.

# 나쁜 습관과의 전쟁,
# 이렇게 하면 이긴다

해야 할 일을 작은 단위로 쪼개 하나씩 끝내면 습관 전쟁에서 이깁니다.
해야 할 일을 작은 단위로 쪼개는 건 매우 현명한 전략입니다.

'습관을 작은 단위로 쪼개라'는 이야기는 앞에서도 몇 번 말씀
드렸습니다. 이것이 습관 전쟁에서 승리하는 거의 유일한 방법입
니다. 습관이 작을수록 여러분 마음속에 심어 넣기가 쉽습니다. 그
런데 그 작은 습관들이 자리 잡고 나면 그 효과는 점점 커집니다.
지금 여러분을 지배하는 습관들은 모두 처음에는 작게 시작한 것
들입니다.

제2차 세계대전 직전인 1939년 11월에 소련이 아주 작은 나라
핀란드를 침공했습니다. 이 전쟁을 '겨울전쟁'이라고 부릅니다. 소
련과 핀란드는 국가의 크기는 둘째치고라도 전쟁에 투입한 전력

자체가 비교 대상이 아니었습니다. 전쟁초기 병력은 소련이 핀란드에 비해 3배, 공군은 30배, 전차는 100배 많았다죠. 게다가 소련 쪽은 더 많은 병력과 무기를 계속 투입했지만 핀란드는 저게 거의 전부였습니다. 더 이상 보충할 병력이나 무기가 없었습니다.

이건 처음부터 밸런스가 아예 맞지 않는 게임이었습니다. 그런데 그 강력한 소련군이 핀란드 군에게 계속 패배했습니다. 결국 소련군은 핀란드 전체를 정복하는 걸 포기하고, 그 다음해 봄에 핀란드와 평화조약을 맺는 것으로 전쟁을 끝냈죠.

핀란드 군이 겨울전쟁에서 사용한 전술은 '모티전술', 큰 통나무를 장작으로 쓰기 위해 잘게 쪼갠다는 뜻의 핀란드어 '모티'에서 나온 전술이었습니다. 요즘은 흔히 '각개격파'라고 불리는 방법입니다.

핀란드군은 소련군 대부대를 상대로 비슷한 대규모 부대로 대결하는 건 피했습니다. 어차피 병력이 적어서 그럴 수도 없었습니다. 대신에 그들은 적의 눈에 안 띄게 매복하고 있다가 적군의 행렬 후방에서부터 기습을 해서 적의 부대를 작은 단위로 끊기 시작했습니다. 적의 규모가 크니까 자기들이 상대할 수 있는 규모로 적을 나눈 겁니다. 그리고 그 작은 단위의 적들을 하나씩 공격해서 전멸시켜나갔습니다.

물론 이게 가능했던 이유는 핀란드군이 지리를 잘 알고 이용할 수 있는 자기 동네에서 싸웠고, 가혹한 환경에서 사냥꾼으로 단련

된 핀란드군 개개인의 전투의지와 전투력이 높았던 점 덕분이었습니다. 하지만 이런 장점을 최대한 활용할 수 있는 전술을 사용하지 않았다면 핀란드군은 전쟁 초반에 끝장났을 겁니다.

작은 단위로 쪼개는 건 매우 현명한 전략입니다. 특히 여러분이 상대해야 하는 적이 여러분이 그동안 꾸준히 쌓아올린 습관들의 거대한 덩어리일 때는 더욱 그렇습니다. 여러분은 핀란드 군처럼 그 습관을 작은 조각으로 쪼개서 하나씩 각개격파 해야 합니다. 사실 그것밖에 방법이 없습니다. 여러분은 핀란드군입니다.

여러분도 핀란드군과 비슷한 조건입니다. 그런데 현실에는 습관과 전면전으로 대승을 거두려는 작전을 짜는 사람들이 많이 있습니다. 한방에 모든 것을 끝내겠다는 거죠.

예를 들어 새해를 맞이해서 올해부터는 내 나쁜 습관을 싹 다 바꾸겠다는 결심을 했다면 그게 전면전입니다. 수능 100일 전부터 하루 15시간 공부하겠다는 계획 역시 전면전입니다. 수능이 150일가량 남은 지금까지 하루에 공부 시간 3시간 남짓인 상태에서 저런 계획을 짰다면 더욱 그렇습니다. 다음 주부터는 밀가루 음식을 완전히 끊고 다이어트에 돌입하겠다는 계획도 마찬가지입니다. 전부 무모한 계획입니다.

소규모 전투에서 이겨본 적도 없는데, 전면전을 벌여서 이길 리가 없지 않습니까. 아마 이런 계획을 짜는 당사자도 자신에게 승산이 없다는 걸 알고 있을 겁니다.

3장 어떻게 좋은 습관으로 바꿀 것인가?  ● ● ●

질 거라는 걸 알면서도 왜 전면전을 선택할까요? 전면전은 우리가 잘 아는 거의 유일한 습관 전쟁 방법이기 때문입니다.

우리는 예전에 습관과 전면전을 해본 적이 있습니다. 그 장소는 학교였습니다. 우리는 학교에 입학하면서 시간에 맞춰 생활하는 습관을 배웠죠. 정해진 시간에 공부하고 쉬고, 식사하고, 운동하고, 집에 돌아오는 생활습관이 한꺼번에 만들어졌습니다. 이게 가능했던 건 학교는 습관을 고치는 방법을 오랫동안 다듬어온 전문 기관이기 때문입니다.

학교 제도는 최소한 100년 이상 다양한 습관을 가진 아동들을 모아다가 단체생활에 맞는 표준화된 습관을 습득하게 만드는 법을 개발하고 보완해온 기관입니다. 하지만 지금 여러분이 가지고 있는 안 좋은 습관들은 그 학교 제도 속에서도 살아남은 역전의 용사들입니다. 이제는 전문적인 도움을 받을 수도 없죠. 지금 습관과 전면전을 하면 집니다.

물론 지금도 공부나 다이어트를 위한 합숙시설에 들어가면 학교에서 그랬던 것처럼 나쁜 습관을 한꺼번에 고칠 수 있습니다. 문제는 그런 변화는 시설에서 퇴소한 다음에도 계속되기 어렵다는 점입니다. 내가 고친 것이 아니라 남이 고쳐준 것이기 때문이죠.

전면전의 다른 장점은 간단하다는 겁니다. 적어도 겉보기에는 그렇습니다. 단 한 번의 전투에 온 힘을 모아서 승패를 가리는 방법이니까요.

하지만 현실은 그렇게 간단하지 않습니다. 우선 전면전을 시작하기조차 쉽지 않습니다. 전면전의 조건은 까다롭습니다. 내 체력도 컨디션도 최적이어야 하고, 내 전투력 발휘를 방해하는 사람이나 환경도 없어야 하죠. 이런 완벽한 조건은 사실 갖추어질 수 없습니다. 그 조건이 갖추어지지 않으니까 계속 전투를 미루게 됩니다. 그러다 보면 전면전을 준비하다가 시간이 다 가버리기도 합니다.

결론은 간단합니다. 지금 여러분에게 나쁜 습관의 전면전은 승산이 없습니다. 전면전은 실행하는 것 자체가 매우 어렵고, 혹여 실행하더라도 이길 가능성이 없습니다. 여러분은 소련군과 싸우는 핀란드군입니다. 특히 여러분이 상대해야 하는 적이 여러분이 그동안 꾸준히 쌓아올린 습관들의 거대한 덩어리이기 때문에 그렇습니다.

여러분은 핀란드 군처럼 그 습관을 작은 조각으로 쪼개서 하나씩 각개격파 해야 합니다. 사실 그것밖에 방법이 없습니다.

# 이길 수 있는
# 싸움만 하자

이순신 장군이 무패였던 이유는 이길 수 있는 전투만 했기 때문입니다.
내가 어떤 조건에서 이길 수 있는지를 아는 건 승리의 비결입니다.

이순신 장군에 대해서 모르는 분은 아마 없을 겁니다. 한국 사람이라면 누구나 알고 있고, 일본사람들도 꽤 많이 알고 있으며, 전쟁의 역사에 대해서 조금이라도 아는 사람이라면 한 번쯤은 들어봤을 정도로 유명하시니 당연하죠.

이순신 장군이 왜 유명할까요? 여러 가지 이유가 있지만 그 중 하나는 23전 23승, 단 한 번도 진 적이 없다는 점 때문입니다. 다른 곳에서는 왜군에 패전을 거듭하던 중에 유일하게 적 해군이 오는 족족 작살내면서 심지어 가끔은 육지에까지 올라가서 작살을 내면서 전라도를 지키고 일본 침략군의 후방 보급을 막아서 결국 임진왜란 승리의 계기를 만든 분이니까요.

그렇다면 이순신 장군이 전승을 거둔 이유는 뭘까요? 철갑선인 거북선? 뛰어난 지략? 늘 엄하게 훈련시키고 잘못은 무자비하게 처벌하되 상을 줄 때는 아낌없이 주고 평소에는 자상하게 돌봐줘서 장군만 믿고 따르던 부하들? 강력한 함포 기술?

다 맞습니다. 하지만 그 많은 승리의 비결을 딱 하나로 압축하자면 이겁니다. 이순신 장군은 확실히 이길 수 있는 싸움만 했습니다.

어떻게 들으면 이순신 장군님을 비겁한 기회주의자로 몰아가는 것처럼 보일 수도 있습니다. 이런 질문이 떠오르죠.

"아니, 이길 싸움만 하다니! 그렇게 기회주의적인 분이셨단 말인가?"

"혹여 질 가능성이 있더라도 싸워야 하면 싸우는 게 진짜 용감한 군인 아닌가?"

임진왜란과 정유재란의 역사를 조금 아는 친구라면 이런 질문을 할 수도 있습니다.

"그렇다면 명량해전은 뭔가? 12척 대 300여 척의 전투였는데, 그나마도 처음에는 이순신 장군이 탑승해 지휘하는 전투함 혼자서 싸우셨는데? 그것도 이길 싸움이었나?"

그렇습니다. 이순신 장군은 이길 싸움만 했습니다. 명량해전도 분명히 이길 수 있다는 계산이 있었으니까 한 겁니다. 그런데 이

습관 전쟁에서 이기기 위해서는
당신의 작은 습관이 이길 수 있는 조건을 만들어야 한다.

게 결코 쉬운 일이 아닙니다. 이길 싸움인지 질 싸움인지 어떻게 미리 알 수 있나요?

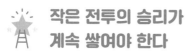

## 작은 전투의 승리가 계속 쌓여야 한다

솔직히 말해봅시다. 여러분이 어떤 일을 하기 전에 그 결과를 정확히 예측할 수 있었던 적이 과연 몇 번이나 있던가요? 거의 없죠? 전쟁도 마찬가지입니다. 이길 수 없어도 용기를 내어 싸우는 게 아니라 대부분은 자기가 이길 거라고 예상해서 싸웁니다. 그런데 그 예측이 틀려서 지는 거죠.

반면에 이순신 장군은 어떤 조건이 갖춰져야 아군이 이길 수 있는지를 정확히 알고 있었습니다. 그리고는 그 조건을 만들어내기 위해서 엄청난 노력을 기울였죠.

조선 해군의 강점은 강력한 장거리 함포와 거대하고 튼튼한 함선이었습니다. 여기에 평소 칼같이 조련해놓은 휘하 해군장병들의 숙련도가 결합되어 함포를 쏘는 족족 적함을 맞출 수 있는 장거리 화력과, 거대한 배를 빠르게 방향 전환할 수 있는 민첩성이 발휘되었습니다.

반면에 일본 해군의 장점은 접근전이었습니다. 작지만 빠른 함선을 이용해 적함에 들러붙어서 배 위로 기어 올라가 백병전으로 배를 접수하는 게 일본 해군의 전투 방식이었죠.

그래서 이순신 장군은 일본 해군을 멀리서 찾아내서 원거리 포격전으로 박살내는 전술을 주로 썼습니다. 그런데도 적이 만약 아군 함선 근처까지 오면 거대한 판옥선을 이리 저리 회전시켜가며 그냥 들이받아 버렸습니다.

멀리 있으면 포로 작살내고, 가까이 오면 충각돌격으로 작살내기. 이순신 장군은 이 전술의 효과가 가장 잘 발휘될 수 있는 환경을 골라서 일본군과 붙었습니다. 이게 말이 쉽지 결코 쉬운 일이 아닙니다. 평소 정보수집도 잘 해야 하고, 지형이나 해류도 자기 손바닥처럼 알아야 하고, 심리전까지 능해야 하니까요.

어쨌든 중요한 건 이겁니다. '이길 수 있는 싸움만 하라.' 전쟁은 여러 번의 전투로 이루어집니다. 전쟁에서 이기려면 전투에서 계속 이겨야 하죠. 마찬가지로 습관 전쟁에서 이기려면 매일의 습관 전투에서 이겨야 합니다. 습관 전투에서 이긴다는 건 습관이 되어야 하는 행동을 미루지 않고 해내는 걸 말합니다. 그것도 한 번이 아니라 여러 번! 매일, 그 행동을 해야 하는 매 순간마다 그래야 합니다.

그러다 만약에 한 번이라도 해야 하는 행동을 하지 않고 지나가면? 그 전투는 이미 있던 습관의 승리가 됩니다. 여러분의 새로운 습관에게는 그때마다 1패씩 적립이 됩니다. 무서운 건 패배가 쌓이면 그것도 습관이 된다는 점입니다.

습관을 작은 행동으로 쪼개야 하는 이유도 그 때문입니다. 전투에서 확실히 이기기 위해서, 그리고 절대로 지는 전투를 하지 않기 위해서! 너무 작아서 안 하고 넘어가기가 어려울 정도의 작은 단위의 행동으로 쪼개면 습관 전투에서 질 수 없을 테니까요.

이게 핵심이고 요점입니다. 작은 단위로 쪼개는 이유는 그 전투에서 지지 않기 위해서입니다. 작은 전투의 승리가 쌓이면 그게 전쟁에서의 승리가 됩니다.

# 요요 효과를
# 조심 또 조심하자

의욕이나 감정에 의지해 시작한 변화는 작심삼일의 함정에 빠집니다.
나쁜 습관과의 전쟁에서 요요 효과를 그 무엇보다도 조심해야 합니다.

'요요 효과(yoyo effect)'라는 말은 다들 잘 알 겁니다. 일단 한 번 살을 빼고 나면 살을 빼기 전보다 더 쉽게 살이 찌는 현상입니다. 체중감량을 위한 다이어트의 가장 대표적인 부작용이죠. 요요 효과의 원리는 간단합니다.

생명체가 살아남기 위해서는 반드시 열량(칼로리)이 있는 음식을 먹어야 합니다. '내 생명이 앞으로도 계속 유지될 수 있다'는 보장은 최소한 내가 섭취한 칼로리양이 내가 소모하는 칼로리와 같거나 조금이라도 많아야 가능합니다.

그런데 다이어트를 한다고 음식을 적게 먹으면 몸에서는 어떤 일이 일어날까요? 몸은 일단 유사시에 대비해 쌓아놓았던 열량 저장고를 사용합니다. 급하게 많은 칼로리를 소모해야 할 때는 몸의 근육(심장 근육을 포함해)을 분해해서 열량으로 사용하고, 조금 여유가 있고 몸에 물이 많이 저장되어 있을 때는 체지방을 분해해서 열량으로 사용합니다. (그래서 체지방을 줄이고 싶으면 물을 많이 마시고 격렬한 운동보다는 길게 오래 하는 운동을 해야 합니다.)

하지만 이건 임시방편, 비상사태에 대한 대응일 뿐입니다. 이런 식으로는 오래갈 수가 없습니다. 몸에 저장했던 칼로리는 언젠가 동이 날 테니까요.

그래서 우리의 몸은 적게 들어오는 칼로리에 맞춰 작동체계 자체를 수정하기 시작합니다. 살아남기 위해서 몸이 적응하는 거죠. 적은 칼로리만으로도 생명을 유지하기 위해서 맥박수도 낮추고, 평상시에 칼로리를 많이 소비하는 근육도 줄이고, 조금이라도 칼로리가 남으면 일단 지방으로 전환하는 짠돌이 시스템으로 바꿉니다.

다이어트를 길게 할수록 이런 변화도 더 많이 일어납니다. 그 결과 점점 몸에 힘이 없어지고, 쉽게 피곤해지고, 어디든 드러눕고 싶어지는 증세가 나타납니다.

건강해지려고 다이어트를 시작했는데, 오히려 건강한 것과는 반대 모습이 됩니다. 점점 다이어트 할 의욕이 줄어들다가 결국 포기하게 됩니다.

3장 어떻게 좋은 습관으로 바꿀 것인가? ● ●

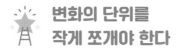

## 변화의 단위를
## 작게 쪼개야 한다

　이러다가 그 긴 다이어트를 끝내고 나면 어떻게 되죠? 몸의 짠돌이 시스템은 그대로인데 예전처럼 많은 열량이 들어오기 시작합니다. 그런데 몸은 이미 한 번 극한 상황을 겪어봤기 때문에 호락호락 예전처럼 칼로리를 펑펑 쓰려 하지 않습니다. 결국 예전하고 비슷하게 먹는데 살은 더 쉽게 찝니다.

　바로 이것이 요요 효과입니다. 다이어트를 반복할수록 이 효과는 더 커집니다. 그래서 이런 저런 다이어트를 해 봤다는 사람들이 더 뚱뚱해지는 비극이 벌어집니다.

　요요 효과를 막으려면 어떻게 해야 할까요? 다이어트를 하되, 아주 조금씩만 하는 겁니다. 몸이 눈치채지 못할 만큼요. 평소보다 밥 한 숟갈 적게 먹는 정도, 평소보다 운동을 한 10분 더 많이 하는 정도로요. 그러면 체중도 아주 천천히 줄어듭니다. 하지만 원래대로 되돌아갈 가능성은 그만큼 적어지죠.

　다이어트에서의 요요 효과는 습관에서도 마찬가지로 나타납니다. 우리 몸은 변화를 싫어합니다. 변화가 클수록 더 싫어합니다. 그래서 그냥 원래대로 돌아가는 것이 아니라 그보다 더 반대 방향으로 돌아가려고 합니다. 힘들게 습관을 바꾸어놓아도 원래대로 혹은 바꾸기 전보다 더 나쁜 방향으로 습관이 변할 때가 있는 것도 바로 그 때문입니다.

　새로운 습관을 작게 시작해야 하는 이유도 그 때문입니다. 몸이 눈치채지 못할 만큼 작은 습관을 집어넣는 거죠.

　작은 변화이되 반드시 성공해야 합니다. 성공을 못하면 요요 효과가 찾아옵니다. 결국 반드시 성공할 수 있을 만큼의 크기로 변화의 단위를 쪼개는 것이 습관 변화의 핵심원리인 겁니다.

# 외적 보상이 아닌
# 내적 보상이 답이다

외적 보상은 명확하지만 그 효과는 시간이 갈수록 줄어듭니다.
어떤 행동을 오래 계속하고 싶다면 내적인 보상을 찾아야 합니다.

여러분이 어떤 행등을 통해 받을 수 있는 보상은, 크게 외부에서 주어지는 보상(외적 보상)과 내적으로 느끼는 보상(내적 보상)으로 나눌 수 있습니다.

외적 보상은 우리가 '보상' 하면 가장 먼저 떠올리는 것들입니다. 예를 들어 시험을 잘 봐서 학교에서 우등상을 받았다거나 시험 성적이 좋다고 부모님에게 용돈을 받았다거나 등 이런 것이 외적인 보상입니다.

외적 보상은 명확합니다. 눈에 보이는 실체가 있죠. 내가 보상을 받았는지 나도 보고, 남들도 볼 수 있습니다. 그래서 가장 확실한 효과를 보장합니다. 그런데 이 외적인 보상의 효과가 좀 미묘합니다.

우선 외부에서 즉시 보상을 받기가 쉽지 않은 경우가 많습니다. 행동과 보상 간의 시간 간격은 좁을수록 보상의 효과가 좋습니다. 그런데 외적 보상은 그러기가 쉽지 않죠. 예를 들어 공부를 생각해봅시다. 하루 동안 수학 공부를 열심히 했다고 남에게 보상을 받아본 적이 있습니까? 시험을 봐도 성적은 며칠 지나서 발표됩니다. 하루 공부하고 시험 성적이 좋아질 리도 없죠. 그러니까 외적인 보상은 좀 느립니다. 즉 행동과 보상 사이의 간격이 먼 겁니다.

물론 내가 알아서 외적인 보상을 주는 방법도 있습니다. 예를 들어 매일 30분씩 조깅을 하는 습관을 들이고 싶으면 30분 조깅을 할 때마다 평소 먹고 싶었던 아이스크림콘 하나를 먹는 식입니다. 같은 식으로 공부 5시간을 꽉 채울 때마다 여러분이 좋아하는 간식을 먹거나, 좋아하는 게임을 잠깐 하는 식으로 보상을 줄 수도 있을 겁니다.

하지만 이런 자체적인 보상 주기는 의외로 효과가 작습니다. 그 이유가 뭘까요?

우리가 자체적으로 보상을 줄 때는 좀 지나치게 후한 경향이 있습니다. 자기가 한 행동에 비해 더 큰 보상을 주려는 경향이 있다는 겁니다. 예를 들어 달리기 20분을 하고 아이스크림 하나 먹으면 칼로리는 플러스마이너스 제로이거나 오히려 더 살이 찔 수도 있습니다. 달리기 30~40분 정도 해야 아이스크림 하나 열량을 소비하니까요. 수학 공부 한 시간 했다고 자체적으로 게임 한 시간 하기를 보상으로 준다고 치죠. 공부 안 하고 게임하는 것보다는 분명히 훨씬 나을 겁니다. 하지만 공부의 효과가 잘 안 나타날 겁니다. 게임하고 공부까지 하느라 잠을 적게 자니 공부가 더 힘들어질 수도 있겠죠.

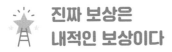

## 진짜 보상은 내적인 보상이다

외적인 보상은 역효과를 내는 경우가 많습니다. 왜냐하면 외적인 보상은 내적인 동기를 키우기보다는 끌어내리는 경향이 있거든요. 어떤 행동을 하는 것에 대해 그 행동과 관계없는 외부에서 보상을 받을수록 그 행동을 정말 하고 싶어서 하기보다는 그 보상을 받기 위해서 하게 됩니다.

공부를 한 보상으로 게임을 할 시간을 주기로 하는 경우를 다시 생각해보죠.

공부를 한 시간 하면 10분간 게임을 하는 식으로 보상을 줍니다. 그러면 점점 더 게임에 대한 갈망이 커집니다. 나중에는 게임을 하기 위해서 공부를 하게 됩니다. 공부는 억지로 하고, 게임은 정말 열정적으로 하게 되겠죠. 물론 그게 공부 안하는 것보다는 100배 낫습니다. 낫긴 나은데, 이 과정에서 공부 자체의 재미를 발견하지 못하게 되면 가면 갈수록 공부하기가 더 싫어질 수도 있습니다.

게다가 공부를 했는데 게임을 할 시간을 보상으로 받지 못하면? 충분히 그런 일이 생길 수도 있죠. 일단 그렇게 되면 울컥하게 됩니다. 이럴 거면 내가 뭐 하러 공부를 하나 싶어지겠죠. 외적인 보상은 빼앗길 수 있고, 빼앗기고 나면 허무해집니다. 요컨대 외적인 보상은 우리를 배부르게 합니다. 게다가 우리를 더 쉽게 포기하게 만듭니다.

그럼 내적인 보상은 뭘까요? 그냥 막연하게 내가 기분이 좋아지는 겁니다. 내적 보상은 구체적인 실체가 없습니다. 남들은 내가 기분이 어떤지 잘 모릅니다. 하지만 내적 보상은 누가 빼앗아가거나 역효과를 발휘하는 일이 없습니다.

가장 대표적인 내적 보상은 자신감입니다. 내가 뭔가를 해냈다는 사실을 확인하면서 느끼는 감정이죠. 내가 이번에 해냈으면 앞으로도 뭔가 또 해낼 가능성이 있다고 믿게 되는데, 그게 자신감입니다.

우리는 사실 자신감에 기대어 삽니다. 다들 그렇지 않나요. 내가 뭐 하나는 잘한다고, 어떤 거 하나는 남들 못지 않다고 생각하지 않습니까? 정말 어떤 것 하나도 확실하게 내가 잘한다고 여기는 게 없는 사람은 엄청나게 우울해집니다. 우울하면 동기고 뭐고 다 사라지죠.

자신감은 여러 가지 얼굴을 가지고 있습니다. 성취감, 뿌듯함, 만족감, 당당함. 우리가 살아가면서 느끼고 싶은 감정들 대부분의 뒷면에는 자신감이 있습니다. 자신감은 사실상 우리가 살아가는 이유입니다. 그래서 자신감을 키워주는 경험은 언제나 보상이 됩니다.

사실 상장을 받고, 성적을 향상시키고, 부모님에게 칭찬을 받는 외적인 보상도 우리 마음속에 들어와서 자신감을 키워주기 때문에 보상이 되는 겁니다. 그런 면에서 진짜 보상은 내적인 보상이라 할 수 있습니다.

# 즉시, 드물게
# 보상을 받는 게 좋다

좋은 습관에 해당하는 행동을 한 직후에 보상을 주는 것이 좋습니다.
하지만 좋은 습관에 대한 보상을 매번 받을 필요는 없습니다.

## 보상을 주는 데도
## 원칙이 있어야 한다

앞서 스키너 박사가 밝혀낸 학습의 원리에 대해 간단히 설명했지만, 스키너 박사가 발견한 원칙은 그게 다가 아닙니다. 그는 보다 세부적인 원칙들도 발견했습니다.

**핵심원칙 1** 보상은 행동과 가까울수록 효과가 좋다.

스키너는 쥐가 레버를 누른 직후에 먹이를 줬을 때 쥐가 레버와 먹이의 관계를 가장 잘 학습한다는 걸 발견했습니다. 거기서 나온 원칙이 이거죠.

요컨대 어떤 행동에 대한 보상은 그 행동을 한 직후에, 그 행동을 한 곳에서 가까운 데서 받을수록 효과가 좋습니다. 이를 행동과 보상 간의 '시간적/공간적 인접성'이라고 합니다.

중요한 원칙인데, 스키너 상자가 아닌 현실에서는 이걸 실현하기가 쉽지 않습니다. 그런데 행동을 작은 단위로 쪼개면 즉각적인 보상이 가능합니다.

예를 들어 수학 공부라는 행동을 '공부해서 수학 성적 올리기'까지로 정의하면 결말은 한 달 뒤에나 알 수 있을 겁니다. 하지만 그냥 '한 시간에 문제 10개 풀기'로 정하면 한 시간 뒤에 여러분은 '내가 뭔가 해냈다'는 사실에서 오는 뿌듯함이라는 보상을 얻을 수 있습니다. 물론 한 시간 공부로 얻는 뿌듯함은 아주 소소할 겁니다. 그래도 보상은 보상인 거죠.

작은 것에 눈을 뜨고, 그 작은 것의 작은 결과를 발견할 줄 알게 되면 여러분은 이 세상이 얼마나 많은 보상으로 가득 차 있는지 놀라게 될 겁니다.

**핵심원칙 2** 보상은 매번 받는 것보다는 오히려 가끔 보상을 받는 것이 더 효과적이다.

외적인 보상의 효과를 의심하는 다른 이유는 바로 이 하위원칙 때문입니다. 스키너는 레버를 누를 때마다 먹이를 준 쥐보다는 레버를 누를 때 1/10 확률로 먹이를 준 쥐가 더 열심히 레버를 누른다는 사실을 발견했습니다. 쥐도 확률형 아이템을 좋아하는 모양입니다.

왜 그럴까요? 매번 먹이를 받아먹은 쥐는 우선 배가 불러집니다. 그러면 먹이에 대한 갈망도 감소하겠죠. 게다가 매번 먹이를 받아먹다가 어느 날 먹이가 안 나오면 금세 레버 누르기를 관두게 됩니다. 앞서 외적 보상을 못 받게 되면 울컥 한다고 했죠? 그거와 같은 현상입니다.

반면에 확률적으로 먹이를 받아먹었던 쥐는 그만큼 배가 고플 테니 더 열심히 레버를 누릅니다. 단지 열심히 레버를 누르는 것뿐만 아니라 더 이상 먹이가 나오지 않더라도 오랫동안 포기하지 않고 레버 누르기를 계속합니다. 먹이라는 보상이 없어도 계속 레버를 눌렀다는 건 내적인 동기가 더 강해졌다는 얘기죠.

아이러니한 일입니다. 어떤 행동을 할 때마다 매번 보상을 받으면 좋을 것 같습니다. 하지만 그렇게 매번 보상을 받다가 어쩌다 한 번 행동에 보상이 따르지 못하면 쉽게 실망합니다. 우리는 오히려 행동에 대한 보상이 드문드문 주어질 때, 그 행동을 더 오래 계속합니다.

행동 자체로부터 얻는 내적인 보상들은 언제나 100% 확률로 주어지지 않습니다. 제가 단언컨대 여러분이 매일 열심히 공부를 하더라도 매일 뿌듯함을 느끼지는 못할 겁니다. 하지만 그래도 괜찮습니다. 오히려 자주 뿌듯한 것보다, 가끔 뿌듯함을 느끼는 게 더 좋으니까요. 그럴수록 여러분의 내적인 갈망은 더 커지고 더 내구력을 가지게 되어 있습니다.

# 내가 어떤 기분인지
# 잘 알아야 한다

내가 어떤 상태인지 몸과 마음으로 느끼는 건 매우 중요합니다.
자신의 기분을 명확하게 느껴야 습관을 바꾸려는 동기가 생깁니다.

---

느낌은 중요한 겁니다. 앞서 좋은 습관은 그 자체가 보상을 준
다고 했습니다.

이 보상은 우리가 알아차리지 못하면 그냥 사라지는 보상입니
다. 이 때문에 좋은 습관을 들이려면 반드시 '음미하는 시간'을 가
져야 합니다.

음미(吟味), 맛을 느껴본다는 뜻입니다. 감상하기, 느껴보기, 같
은 단어로 바꿔도 됩니다. 요점은 지금 내가 어떤 기분인지, 어떤
상태인지를 느껴보라는 겁니다.

이 느낌은 마음챙김 수련에서 말하는 알아차리기(awareness)와

도 같은 뜻입니다. 딱히 말로 꼬집어 표현할 수도 없고, 남들은 알아차리지 못할 수도 있지만 내 몸과 마음에서 오는 신호, 자기만의 느낌을 뜻합니다. 이게 음미하는 시간을 통해서 만들어지는 느낌이고, 그게 잘 다듬어지면 예민한 직감이 됩니다.

자기 직감을 믿으려면 그 직감에 자주 귀를 기울여봐야 합니다. 뭐든 자주 반복해서 할수록 더욱 잘 합니다. 직감도 자주 느껴봐야 더 정확하게 느낄 수 있습니다.

'내 기분을 느끼기'는 지금 당장 할 수 있습니다. 습관을 바꾸고 싶어서 이 책을 읽고 있나요? 지금 당장 여러분의 상태를 스스로 느껴 보세요. 지금 여러분은 기분이 어떤가요? 기분이 좋은가요? 그렇다면 이 책을 읽을 필요가 없습니다. 여러분은 지금 현재에 만족하고 있기 때문이죠. 지금이 만족스러운데 힘들게 뭘 바꿀 필요는 없지 않겠습니까.

여러분이 뭔가 바꾸어야 한다고, 변화가 필요하다고 생각했다는 건 지금 불쾌하거나 불안하다는 뜻입니다. 왜 불쾌한지, 왜 불안한지는 나중에 따집시다. 지금은 일단 그 부정적인 느낌을 음미하면 됩니다. 지금의 내가 이런 상태라는 걸 확실히 깨닫고 머릿속에 새겨두라는 겁니다.

우리는 불쾌한 기분은 무시하거나 잊어버리려는 경향이 있습니다. 행복하려면 부정적인 감정을 최소한으로 느껴야 한다고 믿기 때문입니다. 하지만 사실은 그렇지 않습니다. 행복과 불행은 동전의 양면입니다. 불행을 경험해본 사람이 진짜 행복을 압니다. 태어나서 평생 동안 불행해본 적이 없는 사람이 만약 있다면, 제가 단언컨대 그는 행복이 뭔지도 모를 겁니다.

그러니까 지금 여러분의 상태, 그 불쾌한 상태를 직면해야 합니다. 얼마나 어떻게 기분이 안 좋은지를 머릿속에 깊이 새겨두세요.

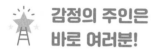

## 감정의 주인은 바로 여러분!

여러분이 새로 습관으로 만들려는 행동을 하루 동안 한 다음, 다시 여러분의 기분을 음미해보세요. 처음에는 별 차이가 없을지도 모릅니다. 그래도 초조해하지 마세요.

앞에서 말했듯, 보상은 매번 받는 것보다는 오히려 드문드문 받을 때 더 효과가 진합니다. 하루를 마칠 때마다, 혹은 새로 습관으로 만들려는 행동을 했을 때마다 자신의 기분을 음미해보세요. 조만간 내 상태가 조금 달라졌음을 느끼게 되는 순간이 찾아옵니다.

물론 여러분은 여전히 불만스러운 상태일 겁니다. 하지만 분명한 건 며칠 전만큼 나쁘지는 않다는 겁니다. 이걸 느끼는 순간이 진정한 보상입니다. 처음에는 그 기분이 그리 대단치 않습니다. 내가 아주 쬐끔 나아졌다는 사실이 대단한 위안이 되지도 않죠. 하지만 그 희미한 경험이 한 번, 두 번 반복이 되면 조금씩 명확해집니다. 그리고 여러분에게 전에 없던 뭔가를 만들어줍니다. 그것은 바로 자신감입니다. 우리에게 가장 중요한 보상 말입니다.

자신감은 바닥에서부터 기어 올라온 자에게만 주어지는 진정한 보상입니다. 그렇게 얻은 자신감은 웬만해서는 사라지지 않습니다. 자기 기분이나 감정을 음미하면 다른 것도 얻을 수 있습니다. 감정을 이해하고 조절하는 능력이 생기죠.

자기가 어떤 감정을 느끼는지 모를 때, 우리는 그 감정에 의해 휘둘립니다. 여러분도 그런 사람을 본 적이 있을 겁니다. "나 화 안 났다!"면서 화내는 사람이요. 그런 사람은 건드리지 않는 게 좋습니다. 이성을 잃고 자기 분노에 스스로 불타오르고 있는 상태라 어떤 말도 소용이 없으니까요. 그런 사람들이 결국 언젠가는 감정에 휩쓸려 크게 사고를 칩니다. 우리는 그렇게 되어서는 안 되겠죠.

감정은 내가 명확하게 느끼고 깨달아야 내가 스스로 조절하거나 통제할 수 있습니다. 자기가 어떤 기분인지, 어떤 감정을 느끼고 있는지 살펴보고, 그 감정의 이름을 정확히 찾아내는 건 감정 조절의 첫걸음입니다.

감정이 여러분을 통제하게 하지 말고, 여러분이 감정의 주인이 되도록 하세요. 감정은 변덕스러워 오래 의지할 수는 없습니다. 하지만 일단 만들어져서 부글부글 끓는 감정이 있다면 잘 이용하는

자신이 어떤 기분인지, 어떤 상태인지를 아는 것은 매우 중요하다.
자기 상태를 모르고 행동하는 건
상태창이 전부 꺼진 자동차를 운전하는 것이나 마찬가지다.

게 좋겠죠. 감정의 에너지는 적절히 이용하면 나를 발전시키는 데 아주 잘 사용할 수 있거든요. 이렇게 감정을 이용하려면 역시 내 기분을 정확하게 느끼는 연습을 해야 합니다.

# 상상하는 대신
# 행동해야 한다

상상할수록 행동을 하지 않으면서도 하고 있다는 착각을 하게 됩니다.
상상은 행동을 하지 않을 핑계를 만들어주므로 행동을 해야 합니다.

뇌는 어디에 쓰는 기관일까요? 흔히들 뇌는 생각을 담당하는 기관이라고 생각합니다. 근육이 몸을 움직이는 역할을 담당하니까 뇌는 근육과는 다른 역할을 할 것이라는 생각일 겁니다.

그런데 사실은 뇌도 몸을 움직이는 역할을 담당합니다. fMRI라고 부르는, 뇌의 어떤 부위가 얼마나 활성화되는지를 직접 눈으로 볼 수 있는 촬영기법이 있습니다. 이 촬영을 해보면 우리 뇌가 가장 활발히 움직일 때는 말을 하거나 노래를 부르거나 몸의 일부를 움직일 때입니다.

fMRI 기계가 좁기 때문에 여기서 축구를 하거나 태권도를 할 수 없었기 망정이지, 만약 축구를 하는 동안 뇌를 fMRI로 찍어보면 아마 활활 불타오르는 것처럼 보일지도 모릅니다.

우리 뇌의 가장 중요한 역할은 몸을 움직이는 겁니다. 뇌가 충격을 받거나 혈관이 터지거나 해서 일부분이 손상되면 제일 먼저 운동기능에 문제가 생깁니다. 말을 못하거나 팔다리가 마비되거나 하는 증상이 나타나죠. 생각하는 능력의 손상은 잘 드러나지 않습니다. 이런 증상을 겪는 사람들이 오히려 생각은 더 또렷해지기도 합니다.

생각은 뇌의 주요 역할이 아닙니다. 운동이 먼저죠. 단지 뇌가 몸을 움직이는 역할을 잠시 쉬는 동안 움직이는 것에 대한 시뮬레이션을 하는데, 그게 우리가 흔히 생각이라고 부르는 현상일 뿐입니다.

그래서 생각을 하지 말고 움직이라고 하는 겁니다. 우리가 평소 하던 생각들이 뭔지 돌이켜보세요. 레프 비고츠키라는 천재 심리학자는 '생각은 내면화된 혼잣말'이라고 정의했습니다. 말을 입 밖으로 내지 않고 자기 자신에게 하면 그게 생각이라는 겁니다. 말 역시도 행동이라는 점에서 그의 정의는 옳습니다. 문제는 우리의 뇌는 일단 시뮬레이션을 시작하면 계속 시뮬레이션만 하려는 경향이 있다는 점입니다. 이것도 관성이죠. 그 이유가 뭘까요?

앞서도 말했지만, 모든 생명체는 가성비를 엄청 따집니다. 생명체에게 제일 중요한 것이 뭔가요? 칼로리(열량)와 시간입니다. 적은 시간을 들여서 많은 칼로리를 얻을 수 있으면 그게 최고죠. 어떤 목표를 달성할 때도 최소한의 시간으로 최소한의 칼로리를 소모하는 방법이 최선입니다. 생명체의 존속이 여기에 달려 있습니다.

그러니까 우리의 온몸은 최대한의 효율, 즉 최소한의 지출을 해서 최대의 효과를 얻는 방향으로 움직입니다. 우리가 설탕이 들어간 음식에 홀리듯 빠져드는 이유도 설탕이 최대의 가성비를 지닌 음식이기 때문이죠. 소화-흡수하는 데 소모하는 열량은 거의 없고 순수하게 열량만을 공급해주는 것이 설탕이니까요.

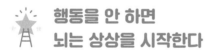
## 행동을 안 하면
## 뇌는 상상을 시작한다

생각은 뇌의 입장에서는 설탕하고 비슷한 겁니다. 가성비가 높다는 얘기죠. 생각을 하는 데는 칼로리가 별로 소모되지 않습니다. 하지만 마치 칼로리를 많이 소모해야 하는 어떤 활동을 하는 것 같은 경험을 제공합니다. (여기서 말하는 생각은 어떤 문제를 해결하기 위해 골똘히 빠져드는 논리적인 활동이 아닙니다. 그냥 방구석에 누워서 혼자 떠올려보는 공상을 말합니다. 문제풀이를 위해 뇌가 활발히 움직일 때는 몸을 격하게 움직일 때만큼이나 많은 칼로리를 소모합니다.)

그래서 여러분이 일단 생각, 아니 상상을 하기 시작하면, 뇌는 상상을 계속하려 듭니다. 그게 제일 편하니까요. 그래서 어떻게든 상상을 계속해야 할 이유를 찾아냅니다. 여러분으로 하여금 계속 상상을 할 수밖에 없는 상황에 빠져들게 하는 거죠.

예를 들어 내일까지 제출해야 하는 숙제를 하려다가, 그 숙제를 제출하는 자신의 모습을 상상해본 적이 있나요? 저는 그런 적이 많습니다. 그런 상상을 하다 보면 내가 마치 정말로 그 숙제를 제대로 마쳐서 제출한 것 같은 기분이 듭니다. 내 마음속의 다른 구석에서는 '그건 현실이 아니다'라고 소리치고 있지만, 다른 쪽에서는 '뭐 어떤가. 그런 뿌듯함을 잠시 느껴보는 것도 나쁠 것 없지'라고 말합니다. 더 무서운 건, 그러는 동안 다른 어떤 귀퉁이에서는 이런 속삭임이 들려온다는 점입니다.

'이런 상상을 하다 보면 숙제를 더 잘하려는 마음이 생길 수도 있고, 숙제를 제출하기 위해서 준비하거나 조심해야 할 것들을 미리 알아낼 수도 있을 거야. 그러니까 좀더 치밀하게 상상을 해봐야겠어!'

지금 '상상'이라고 하니까 잘 와닿지 않는 친구들도 있으실 겁니다. 상상은 좋은 결과에 대한 것만 있지 않습니다. 사실은 나쁜 결과에 대한 상상이 더 많죠. 흔히 그런 나쁜 결과에 대한 상상을 '걱정'이라고 부릅니다.

그렇습니다. 해야 할 일을 미루는 사람들이 가장 많이 하는 생각이 바로 '걱정'입니다. 자신이 그 일을 하지 않으면 벌어질 결과들에 대해서 상상을 하는 겁니다. 그 상상을 하다 보면 마치 실제로 그 나쁜 결과들을 이미 겪은 것처럼 느껴집니다. 그런데도 왜 일을 하지 않고 걱정만 할까요? 이게 참 안타까운 아이러니입니다.

이미 머릿속에서는 일을 하지 않아서 겪어야 할 것들을 다 겪었습니다. 그러니까 일을 해야 할 이유가 희미해집니다. 왜냐하면 우리가 일을 열심히 하는 가장 큰 이유는, 그 일을 하지 않았을 때 일어날 상황을 피하기 위해서인데 이미 그걸 겪었으니까요.

요약하면 이렇습니다. 해야 할 일을 하지 않고 그 일을 하는 상상, 혹은 하지 않았을 때 벌어질 일을 상상하다 보면 우리 뇌는 상상을 계속 하려고 듭니다. 뇌 입장에서는 일이고 뭐고 간에 상상만 계속 하는 쪽이 더 가성비가 높기 때문이죠.

일을 하지 않아서 겪을 나쁜 결과에 대한 상상, 즉 걱정은 더 일을 할 필요를 느끼지 못하게 합니다. 물론 이 걱정은 그 일을 해내거나 아니면 더 이상 그 일을 해낼 필요가 없을 때까지 계속됩니다. 그동안 뇌는 수백, 수천 번 나쁜 결과에 대한 상상을 반복하면서 여러분을 다독일 겁니다.

"자. 네가 이 일을 하지 않으면 어떤 결과가 벌어질지를 상상해 봐. 그 상상을 계속하다 보면 일을 해야 할 이유를 더 명확하게 알게 될 거야. 그러면 언젠가는 그 일을 하게 되겠지?"

아니요. 그런 일은 벌어지지 않습니다. 상상은 더 많은 상상을

뇌의 입장에서는 상상하는 시간이 제일 편하고 즐겁다.
그래서 뇌는 가능하면 상상을 더 많이 하려고 한다.

낳을 뿐입니다. 일이 되려면 행동을 해야 합니다. 일단 행동을 시작해야 하는 이유가 바로 여기에 있습니다.

　여러분이 행동을 안 하면 여러분 뇌는 상상을 시작합니다. 일단 상상을 시작한 뇌는 어떻게든 상상만 계속하려고 듭니다. 그러다 보면 행동을 하기가 점점 더 어려워집니다. 그러니까 앞뒤 가리지 말고, 상상하지 말고, 일단 행동을 해야 합니다.

# 사이버공간의 함정에
# 빠져들지 말자

많은 사람들이 감정과 상상을 공유하는 사이버공간을 잘못 사용하면
그냥 상상 속에 빠져 지내는 습관을 키우는 곳이 될 수도 있습니다.

앞서 상상하기의 함정을 설명했는데, 요즘 우리들에게는 상상하기보다 더 빠지기 쉬운 함정이 하나 더 생겼습니다. 그건 사이버공간입니다. 카톡이나 트위터, 인스타나 페북 같은 소셜네트워크, 유튜브를 비롯한 온라인 미디어, 각종 온라인 커뮤니티, 스마트폰 게임이나 PC 게임도 이 사이버공간에 해당합니다.

사이버공간은 거기에 참여한 모든 사람들의 생각과 감정, 상상이 공유되는 곳입니다. 물론 그곳에는 진짜 도움이 되는 지식도 있고, 실제 기술도 배울 수 있지만, 동시에 각종 상상으로 가득한 세상이기도 합니다. 그렇기 때문에 우리가 사이버공간에 들어가

면 그냥 혼자 상상하는 것보다 더 많은 상상을 더 오랫동안 할 수도 있죠.

사이버공간의 특징 중 하나는 사이버공간이 매우 안전하다는 점입니다. 현실에서는 자전거를 타다가 조금만 실수를 해도 넘어지거나 다칩니다. 사이버공간에서는 아니죠. 그 곳에서 벌어지는 일들이 실제 내 몸에는 아무런 해를 끼치지 못합니다. 모바일 게임 속에서 폭탄이 터지고, 총을 맞고, 몬스터에게 공격을 당하고, 절벽에서 떨어지거나 거대한 사고를 당해도 그 게임을 하는 내 몸은 하나도 다치지 않습니다.

게다가 사이버공간에서 우리는 안전하면서도 짜릿한 경험을 얻을 수 있죠. 게임을 하며 느끼는 짜릿함만이 아닙니다. 커뮤니티 게시판에서 키배틀을 하거나, 트위터를 통해 얼굴도 모르는 사람과 썸을 탈 때의 짜릿함도 있죠.

이런 안전성은 사이버공간 속에서 벌어지는 모든 일이 우리의 마음속에서 벌어지기 때문에 가능합니다. 그리고 이렇게 실수에도 너그럽고 물리적 위험도 전혀 없는 사이버공간에서 지내다 보면 현실 세상이 점점 더 무서워질 수도 있습니다.

여러분이 온라인 커뮤니티를 순회하며 시간을 보내고 있다면 그 이유를 생각해보세요. 그곳이 재미있을 겁니다. 하지만 이유가 그것뿐일까요? 커뮤니티에서 히히덕거리는 게 제일 만만하고 안심이 되기 때문은 아닐까요? 시험공부를 제대로 잘 할 자신이 없어서 커뮤니티나 게임 속으로 도망친 것은 아닐까요? 지금 커뮤니티를 방랑하는 내 모습이 공부를 하지 않고 공부하는 상상 혹은 공부하지 않는 상상 속에 빠져 있는 한심한 상태와 비슷한 건 아닐까요?

## 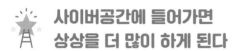 사이버공간에 들어가면 상상을 더 많이 하게 된다

사이버공간에 익숙한 친구들은 현실에서 잘못된 기대를 할 수도 있습니다. 사이버공간은 우리에게 시간을 압축적으로 쓸 수 있게 해주는 곳입니다.

다시 말해 사이버공간 속에서는 짧은 시간에 엄청나게 많은 것을 할 수 있죠. 축구나 농구를 생각해보죠. 현실에서 축구나 농구를 한 번 하려면 축구장이나 농구장에 오는 시간, 옷 갈아입고 준비하는 시간, 중간에 여러 이유로 게임이 중단되는 시간이 끼어듭니다. 30분 플레이를 하려면 실제로 소모되는 시간은 한 시간 이상이 됩니다.

하지만 사이버공간에서는 그렇지 않습니다. 피파 온라인 같은 축구 게임을 하면 게임 접속 즉시 그 게임을 플레이할 수 있습니다. 심지어 게임에 불필요한 부분들은 건너뛸 수도 있죠. 플레이의 핵심요소만 최대한 압축적으로 경험할 수 있는 겁니다.

커뮤니티도 마찬가지죠. 이 커뮤니티에서 저 커뮤니티로 마우스 클릭이나 스크린 터치 한 번에 이동하고, 온갖 게시물을 앉은 자리에서 다 볼 수 있습니다. 현실은 그렇지 않죠. 현실에서 활동하려면 사이버공간에서보다 더 길고 지루한 시간을 견뎌야 합니다.

예를 들어 우리가 수학과목의 한 단원을 이해하려면 최소 일주일 동안 매일 반복해서 연습과 숙달을 해야 그 단원에 포함된 지식과 기술을 내 것으로 할 수 있을 겁니다. 디지털 게임은 한 스테이지가 끝나는 데 10분이면 충분한데, 현실에서 10분 안에 끝낼 수 있는 일은 거의 없습니다. 그러다 기대한 만큼 일이 진행되지 않으면 당황하고, 실패하거나 포기하기도 합니다.

다시 말씀드리지만, 현실은 사이버공간보다 더 냉정하고 가혹합니다. 사이버공간보다 현실은 더 느리고, 지루하며, 둔하기까지 합니다. 하지만 우리가 제대로 살아가려면 그 가혹하고 둔한 현실에 적응해야 합니다.

현실의 인생은 절대로 단기전이 아닙니다. 하루를 한 달로, 한 달을 일 년으로 꾸준히 이어갈 수 있는 지구력이 필요합니다. 그 지구력은 올바른 습관에서 나옵니다.

5년 혹은 10년 후 여러분의 삶에 큰 차이를 만들 수 있는 인간관계, 건강관리, 돈 관리에 대한 아주 작은 습관 이야기입니다.

큰 일에서 탁월함을 얻으려면, 작은 일들에 대한 좋은 습관을 키워라. 탁월함은 특별한 사례가 아니라 습관화된 태도에서 나온다.

If you are going to achieve excellence in big things, you develop the habit in little matters. Excellence is not an exception, it is a prevailing attitude.

_ Colin Powell
_ 콜린 파월(미국 최초의 흑인 합참의장, 국무장관)

# 4장

HABIT

십대에게 꼭 필요한
생활습관
만드는 방법

꼭 필요한 습관 ❶

# 눈 맞추는 습관

'눈 맞추기=눈 보며 말하기+먼저 인사하기'를 습관으로 만들어보세요.
대화할 때 상대방과 시선을 마주치는 습관은 사회생활에 큰 도움을 줍니다.

'눈 맞추는 습관'은 한마디로 말해서 상대방의 눈을 보면서 대화를 하는 습관을 말합니다. 우리나라에서는 어린 시절에 배우기 쉽지 않은 습관이기도 합니다. 한국에서는 어른이 말씀하시는데 눈을 똑바로 보고 있으면 건방지다고 평가하는 경향이 있습니다. 실제로 눈 쳐다보기를 잘못하면 "어딜 눈을 부라리느냐. 눈을 왜 그렇게 뜨느냐" 같은 말을 들을 수 있습니다.

그런데 이런 분위기는 한국 특유의 것입니다. 유럽이나 미국, 심지어 동남아시아에만 가도 상황은 반대입니다. 거기서는 대화하는 상대방의 눈을 바라보는 건 가장 기본적인 예절 중 하나죠.

이걸 지키느냐의 여부가 여러분이 어떤 대접을 받는지를 결정할 수도 있을 정도로 중요한 예절 혹은 매너입니다.

저도 실제 이 매너의 중요성을 체험한 적이 있습니다. 남미의 칠레로 연구차 출장을 갔을 때였습니다. 저보다 몇 살 많은 박사님과 함께였죠.

우리나라에서 칠레는 정말 먼 나라입니다. 그만큼 가는 길이 오래 걸리고 힘듭니다. 우리도 캐나다를 거쳐서 비행기를 두 번 갈아타면서 갔습니다. 중간에 다음 비행기 기다리는 시간을 포함해 거의 20시간 이상 걸렸죠. 당연히 호텔에 도착할 때쯤 우리는 피곤에 쩔어 있었습니다. 그 지친 몸으로 호텔 프런트에 가서 예약한 방을 부탁했습니다.

분명히 둘 다 같은 가격으로 예약한 방이었습니다. 공식적으로도 같은 등급의 객실이었고요. 그런데 실제로 주어진 방의 조건이 완전히 달랐습니다. 저는 저녁에 선배 박사님 객실에 들어가보고서야 그 차이를 알았습니다. 그 방은 골목에 면해 있어서 창문 밖은 답답했고, 골목 소음이 들려왔으며, 방의 구조가 아주 안 좋아서 같은 넓이라도 훨씬 좁게 느껴졌습니다. 그 방에 비해 제가 배정받은 방은 창문 밖 조망도 시원하고, 넓기도 꽤 넓었어요. 우연이었을까요? 우리는 둘 다 생긴 것도 비슷하고, 키도 비슷한 전형적인 아시아 남자입니다. 20시간의 여정에 옷차림도 잔뜩 구겨진 상태였고, 심지어 호텔 예약 방식도 똑같았습니다. 인터넷으로 가장 싼 가격을 찾아서 방 2개를 함께 예약했으니까요.

오로지 차이가 있었다면 눈 맞추는 습관의 여부였습니다. 똑같이 피곤에 쩔어 있었지만 저는 프런트 직원의 눈을 바라보며 억지로라도 미소를 지으며 인사를 했습니다. 그리고는 예약한 방을 요청했죠. 하지만 선배 박사님은 정확히 한국에서 아저씨들이 서비스업종 직원을 대하는 바로 그 태도로 그 직원에게 방을 요구했습니다. 눈맞춤? 미소? 그런 거 없었죠. 우리 둘의 차이는 그뿐이었습니다.

아는 사람은 잘 알겠지만, 외국에서는 서비스업종 직원들의 권한이 꽤 큰 편입니다. 대화하다가 말이 잘 통하면 자기 권한으로 더 줄 수 있는 서비스들이 꽤 많습니다. 그들에게 최소한의 예의를 갖추는 건 내가 누릴 수 있는 서비스의 폭을 넓히는 기술입니다. 그 최소한의 예의가 바로 눈맞춤이죠.

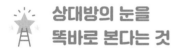

## 상대방의 눈을 똑바로 본다는 것

한국에서도 눈맞춤은 꽤 큰 효과가 있습니다. 상대방의 눈을 똑바로 본다는 건, 그 사람과 내가 동등한 존재임을 드러내는 행동입니다. 그래서 저에게 서비스를 제공하는 직원을 그렇게 보는 건 그 분을 존중하는 뜻으로 전달됩니다.

저는 한국에서도 식당 같은 곳에서 서빙을 해주는 분들의 눈을 쳐다보며 감사하다는 인사를 하려고 노력합니다. 물론 우리나라에서는 상대방이 아예 저를 안보는 경우도 꽤 많지만, 일단 눈이 마주친 분들 중에서 저에게 긍정적인 반응을 안 보인 경우는 없었습니다. 단 한 번도요. 반대로 여러분을 무시하거나 억누르려는 사람을 그렇게 보는 건, 여러분이 그 사람에게 기죽지 않았음을 보여주는 태도가 됩니다.

여러분이 누군가에게 괴롭힘이나 왕따를 당한다면 다음번에는 여러분을 괴롭히는 사람의 눈을 똑바로 쳐다보세요. 물론 처음에는 더 맞을 수도 있습니다. 하지만 그때 그 인간이 여러분을 때리는 이유는 여러분의 시선을 억누르기 위해서일 겁니다. 누군가와 시선을 마주치면서 그 사람을 괴롭히기는 의외로 어렵습니다. 아무리 괴롭혀도 시선을 계속 받으면 점점 불편해지고, 결국에는 상대를 피하게 됩니다.

이는 어른이 되어서도 마찬가지입니다. 제 주변에도 저보다 더한 꼰대들이 있습니다. 그들은 대부분 만만한 상대 앞에서 꼰대질을 합니다. 그들에게 내가 그런 만만한 상대가 아님을 알려주는 첫 번째 신호는 인사를 하더라도 그 사람의 눈을 똑바로 쳐다보는 겁니다.

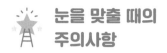 **눈을 맞출 때의
주의사항**

눈맞춤을 하되, 눈맞춤을 유지하는 시간은 상황에 따라 다릅니다. 처음 인사할 때만 아주 잠깐 눈맞춤을 하면 충분한 경우도 있고, 대화를 하는 매 순간마다 눈맞춤을 하는 게 더 좋은 경우도 있습니다. 가끔은 너무 오래 눈맞춤을 하는 게 무례할 때도 있죠.

예를 들어 식당에서 종업원과 대화할 때는 기회가 되면 언제든 눈맞춤을 해도 좋습니다. 그분들 그런 거 싫어하지 않으십니다. 물론 '저 손님이 뭐 바라는 게 있어서 그러나?'라는 반응을 보이는 경우도 있지만요.

하지만 처음 보는 사람과 대화할 때는 첫 인사할 때 눈맞춤 이후에 너무 오래 상대방을 쳐다보는 건 조심해야 합니다. 자칫 심리적 공격이나 무례한 태도로 보일 수도 있습니다.

꼭 필요한 습관 ❷

# 양보하는 습관

장기적으로 나에게 큰 이익을 주는 습관이 양보하는 습관입니다.
상대에게 양보를 함으로써 나는 상대보다 나은 사람이 됩니다.

---

양보하기, 의외로 쉽지 않은 습관입니다. 우리는 모두 바쁜 사람들이니까요. 외국인들이 한국에서 제일 먼저 배우는 한국어가 '빨리 빨리'인 것도 우리가 바쁘게 살기 때문일 겁니다.

양보는 정당하게 누릴 내 기회를 누군가에게 제공하는 행위입니다. 그게 엘리베이터에 누가 먼저 타느냐, 방문을 누가 열어주느냐 같은 아주 사소한 것이라 할지라도. 어쨌든 양보를 하면 지금당장 나 자신은 손해를 봅니다. 아주 미세한 수준의 손해라도 손해는 손해죠.

그런데 양보를 하는 습관을 들이라니, "그건 손해를 보는 습관을 들이라는 얘기가 아닌가?"라고 질문할 수 있습니다. 그렇습니다. 저는 지금 여러분들에게 자발적으로 작은 손해를 감수하는 습관을 추천하는 겁니다. 왜냐하면 사실은 그게 손해가 아니기 때문입니다.

엘리베이터를 생각해보세요. 누가 먼저 타든 결국 올라갈 때는 같이 올라갑니다. 아주 가끔은 양보하다가 내가 못 탈 수도 있습니다. 하지만 그래도 괜찮습니다. 큰일 안 납니다. 오히려 이렇게 함으로써 여러분은 주변 사람들에게 뭔가 특별한 메시지를 보내게 됩니다. 그 메시지의 내용은 이런 겁니다.

"나는 여유가 있다. 그래서 이 정도의 손해는 아주 사소한 것이라 그냥 무시할 수 있다."

이런 이야기는 여러분이 평소 듣던 교훈과는 다를지도 모릅니다. 누군가는 여러분에게 이런 말을 할 겁니다.

"그렇게 양보하고 손해를 감수하다 보면 주변 사람들이 너를 호구로 보고 무시할 것이다."

네, 그런 경우도 없지는 않습니다. '양보를 하고서 남들에게 무시당하느냐'는 양보한 이후의 태도에 달려 있습니다. 내가 원해서 자발적으로 양보했으며, 그래도 나는 아무 문제가 없고 오히려 기분이 좋다는 걸 온몸으로 보여주면 여러분은 대인배가 됩니다. 하지만 나는 원치 않았는데 어쩌다 보니 기회를 빼앗겼으며, 그래서 속상하지만 다른 방법이 없어서 어쩔 수 없이 참고 있다는 태도를 보여주면 남들에게 호구 취급을 당하겠죠.

그러니까 정말 바쁘고 여유가 없다면 양보하지 마세요. 대인배가 되려고 억지로 여유를 부릴 필요는 없습니다. 그래봤자 다 티가 납니다.

##  나에게 큰 이익을 주는 양보 습관

양보를 하면 기분이 좋아진다고요? 정말입니다. 한 번이라도 양보를 해본 분이라면 잘 알 겁니다. 물론 양보 받은 사람이 고마워하면 기분이 좋습니다.

그런데 그 사람이 당연한 듯 양보를 받아들여도 나 혼자 기분이 좋을 수 있습니다. 왜냐하면 나는 양보를 할 수 있는 사람이고, 상대는 그럴 줄을 모르는 사람이기 때문이죠. 요컨대 양보를 함으로써 나는 상대보다 나은 사람이 됩니다.

양보를 할 수 없는 순간을 떠올려보세요. 여러분이 엄청 시간에 쪼들리고, 당장 이걸 하지 않으면 아주 큰 고난을 겪을 상황이라면 아무리 여러분이 영웅호걸이라고 해도 양보를 하기 어렵습니다. 내가 남에게 양보할 수 없을 정도로 힘들게 산다는 건, 그만큼 내가 좀 못났다는 뜻이 됩니다.

그러니까 양보를 하는 여러분 앞에서, 여러분에게 감사의 표시조차 할 줄 모르고 그냥 지나가는 사람들은 여러분보다 힘들게 사는 사람이라고 보면 됩니다. 그게 사실이니까요. 그 순간 여러분은 적어도 그런 사람보다는 나은 존재임이 증명된 겁니다.

저는 허둥대다가 양보할 수 있는데 양보를 하지 못하고 지나가거나 누군가의 양보에 감사하지 못하고 지나칠 때가 있습니다. 그러고 나면 제 기분이 나쁩니다. 제가 잠깐 동안이라도 한심한 존재가 되었다는 뜻이니까요.

양보의 습관 순환고리는 이렇게 정리할 수 있습니다.

신호 (양보할 기회가 보인다) → 갈망 (우월해지고 싶다) → 행동 (양보한다) → 보상 ('내가 이런 사람이다!'라고 속으로 말한다) → 음미 (양보해서 손해를 본 게 있나?)

꼭 필요한 습관 ❸

# 부탁을 받으면
# 돕는 습관

남을 위해서가 아니라 당신을 위해서 친절을 베풀어야 합니다.
부탁을 잘 받아들이려면 부탁을 많이 받아봐야 하기 때문입니다.

---

"매너가 사람을 만든다." 매튜 본 감독의 영화 〈킹스맨〉에 나오는 유명한 대사입니다. 매너의 핵심은 여유와 친절입니다. 이 둘은 동전의 양면과 같습니다. 친절은 여유가 있는 사람이 드러내는 가장 명확한 표식인데, 반대로 친절을 베풀다 보면 여유가 생기게 됩니다.

부탁을 받고 도와주는 건 그냥 양보하는 정도가 아니라, 좀더 큰 손실을 감수하는 일입니다. 그만큼 여유가 있어야 가능한 일이죠. 여유도 없는데 부탁을 들어주다 보면 나만 바보가 될 것 같습니다. 하지만 결코 그렇지가 않습니다. 부탁을 들어주는 건 여러분의 미래를 위한 투자입니다.

남이 부탁할 때 적절하게 대응하지 못하는 사람들의 공통점은 남의 부탁을 들어줘본 경험이 별로 없다는 겁니다. 이렇게 부탁을 들어주는 분야의 초보들이, 가끔 큰 맘 먹고 남의 부탁을 하나 들어줬다가 인생을 망치곤 합니다. 친구가 보증 서달라는 부탁을 거절하지 못해서 결국 자기 전 재산을 날리는 사람들 대부분은 그런 부탁을 예전에 들어줘본 적이 없는 사람들입니다. 부탁 들어주기도 기술이 필요한데, 그게 부족하니까 들어줄 부탁과 절대 거절해야 할 부탁을 구분하지도 못하고, 거절하는 기술도 없어서 결국함정에 빠지는 겁니다.

저는 모든 부탁을 들어주라는 게 아닙니다. 요점은 '좋은 부탁을 들어주고, 나쁜 부탁은 거절하는 법을 배우라'는 겁니다. 그런데 이것도 기술입니다. 모든 기술은 자주 해야 늘죠. "반복이 완벽을 만든다"라는 말을 들어봤을 겁니다. 부탁받는 기술을 배우려면 결국 부탁을 많이 들어줘봐야 합니다.

우리는 좋은 부탁과 나쁜 부탁을 감별하는 기술을 배워야 합니다. 시장에서 사과를 여러 번 사봐야 어떤 사과가 좋은 사과이고 어떤 사과가 맛없는 사과인지 구별할 수 있게 되듯, 부탁도 자주 들어줘봐야 감이 생깁니다. '이건 들어주면 안 되는 거구나. 이건 들어줘야 하는 부탁이구나….'

들어줘야 하는 부탁의 기준이 뭘까요? 흔히들 부탁하는 쪽이

좋은 습관은 당신 마음과 몸의 건강을 지켜준다.

얼마나 절박하고 얼마나 불쌍하냐를 기준으로 이를 판별하려 합니다. 틀렸습니다. 그랬다가는 큰일 납니다.

냉정한 말이지만, 대개 절박한 사람들은 계속 절박합니다. 불쌍한 사람들 대부분은 도와줘도 계속 불쌍합니다. 나 하나가 그 사람의 부탁을 들어주든 말든 별다른 차이가 없습니다. 되려 '호의가 계속되면 권리인 줄 아는' 적반하장이 벌어질 수도 있습니다.

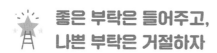

## 좋은 부탁은 들어주고, 나쁜 부탁은 거절하자

그렇다면 좋은 부탁은 뭘까요? 아이러니하게도 좋은 부탁과 나쁜 부탁의 기준은 상대방이 아니라 여러분 자신에게 달려 있습니다. 여러분에게 좋은 결과를 가져오는 부탁이 좋은 부탁이고, 들어줄수록 나쁜 일이 생기는 부탁이 나쁜 부탁입니다. 그런데 좋은 결과가 생길지, 아니면 나쁜 결과가 생길지는 부탁을 들어줘봐야 알 수 있습니다.

부탁을 들어줬을 때의 결과는 아주 오묘합니다. 상대방의 상태, 의도, 주변 환경이나 여건, 내 상태나 능력에 따라서 그때그때 다르거든요.

그 결과가 지금 당장 나타나지 않는 경우도 부지기수입니다. 다행인 건, 여러분이 중고등학생이라면 여러분이 들어줄 수 있는 부탁의 범위도 매우 한정되어 있다는 점입니다. 따라서 여러분이 들어줄 수 있는 부탁이란 결국 작은 부탁일 수밖에 없습니다. 그러니까 지금 아니면 부담없이 부탁을 들어줄 수 있는 기회가 없습니다. 이런 저런 부탁을 들어줘봐야 그 결과에 대해 감을 잡을 수 있습니다.

나쁜 부탁을 거절하는 방법은 뭘까요? 이것 역시 그때그때 다릅니다. 상대방의 상태, 의도, 주변 환경이나 여건, 내 상태나 능력에 따라 다 다르죠. 중요한 건 거절의 목적을 정확히 달성하는 거절이 제일 좋은 거절이라는 겁니다. 거절의 목표는 상대방에게 좋은 부탁을 하게 만드는 겁니다. 이 역시 거절을 많이 해봐야 알 수 있는데, 거절할 기회가 생기려면 일단 부탁을 많이 받아야 할 것 아니겠습니까.

재미있는 건, 부탁을 들어주다 보면 더 많은 부탁을 받게 된다는 겁니다. 그래서 부탁받는 분야의 숙련자가 될 수 있습니다.

저도 그동안 많은 부탁을 받아봤습니다. 그 부탁 대부분은 해달라는 대로 해줬습니다. 지금의 저는 그 부탁을 들어준 결과라고 할 수 있습니다. 지금까지 제가 해온 일 중에서 제가 먼저 하겠다고 덤벼든 일은 거의 없습니다. 제 경력의 대부분은 낯선 이의 생경한 부탁으로 시작된 것들입니다. 받아들인 부탁을 완수하려고 애를 쓰다 보니 온갖 일을 하게 된 겁니다.

반면에 돈을 빌려달라는 부탁은 거의 거절했습니다. 부탁을 받아들인 몇 안 되는 경우는 거의 돈을 돌려받지 못했고요.

부탁을 받고 도와주는 습관의 순환고리는 아래와 같습니다.

신호 (부탁을 받는다) → 질문1 (나 혼자서 할 수 있는 일인가?) → 질문2 (남들에게 피해를 입히지 않는가?) → 행동 (Yes라면 부탁을 들어준다) → 보상 (부탁 들어주기에 성공했나?)

꼭 필요한 습관 ❹

# 운동하는 습관

짧고 굵게 운동합시다. 다치지 않을 만큼, 시간이 아깝지 않을 만큼!
이것이 다음번에 더 많은 운동을 하고 싶어질 만큼 운동하는 비결입니다

중고등학생 시기는 우리 인생에서 가장 건강한 시기입니다. 그
보다 어릴 때는 몸이 완성되지 않아서 병에 걸리기 쉽습니다. 그
보다 나이가 많으면 근육의 힘은 세질 수 있지만 몸의 회복력이
조금씩 약해집니다.

밤을 새워가며 공부나 게임을 해도, 온몸을 혹사하는 운동을 해
도 여러분의 몸은 빠르게 회복됩니다. 여러분 인생에서 지금처럼
빠르게 몸이 회복될 수 있는 시절은 다시 돌아오지 않습니다. 역
설적이지만, 너무 건강하기 때문에 건강에 대한 습관을 만들기가
어려운 시기이기도 합니다. 웬만큼 건강에 해로운 행동을 해도 건

강이 유지가 되니 건강에 신경쓸 필요를 느끼지 못하는 거죠.

나머지 내용도 그렇지만 특히 이 꼭지는 꼰대 아저씨의 참견처럼 보일 것 같습니다. 제가 여러분에게 건강에 대해서 뭘 이야기하겠습니까. 그래서 제 건강을 유지하는 데 도움이 된 습관 단 두 가지만 이야기하겠습니다.

이 세상에 최고의 운동은 따로 없습니다. 여러분이 오랫동안 다치지 않고 꾸준히 할 수 있는 운동이라면 그게 뭐든 할 만합니다. 어쨌든 다치지 않고 계속할 수 있는 운동이면 뭐든지 추천입니다. 단, 운동을 할 때는 최대한 감질나게 해 보세요.

운동을 감질나게 하라니? 그게 무슨 뜻이냐고요? 아쉬움을 남김으로써 갈망을 키우라는 이야기입니다. 무슨 음식이든 3~4인분씩 먹어치우는 대식가로 잘 알려진 개그맨 김준현은 라면만은 한 번에 한 봉 이상을 먹지 않는다고 합니다. 다음번에도 라면을 먹고 싶은 마음을 유지하고 싶기 때문이라는 거죠. 너무 많이 먹으면 한동안 라면에 대한 갈망이 사라진다는 겁니다.

운동도 비슷합니다. 너무 심하게 운동하면 부상의 위험도 있고, 어째서인지 다음 날 운동하고 싶은 마음이 줄어들기도 합니다. 휴식도 필요하고요. 물론 예외는 있습니다. 농구나 축구 같은 시간제 게임을 하는 거라면 끝날 때까지 에너지를 최대한 소모해야 합니다. 심폐기능을 키우려면 사실 쉬지 않고 오래 하는 운동이 더 효과가 좋기도 합니다.

저는 거의 매일 운동합니다. 단, 운동 시간은 짧습니다. 하루 동안 30분 남짓이죠. 왜냐하면 저 같은 연구자에게는 그 이상의 운동이 필요가 없기 때문입니다.

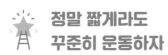

## 정말 짧게라도 꾸준히 운동하자

스쿼트 50회를 하는 데 몇 분 걸릴까요? 쉬지 않는다는 전제하에, 한 번 앉았다 일어나는 데 걸리는 시간에 50을 곱하면 됩니다. 1회에 3초 걸리면 150초, 즉 2분 30초입니다. 혹시 더 오래 걸리는 분이 있다면 대단한 겁니다. 쉬지 않고서 오래 한다는 건 앉았다 일어나는 시간이 길다는 뜻인데, 스쿼트든 팔 굽혀 펴기든 윗몸 일으키기든 턱걸이든 중량운동은 느리게 할수록 운동효과가 좋습니다. 운동효과가 좋다는 건 그만큼 더 힘들다는 뜻입니다.

어쨌든 중량 스쿼트 100회, 턱걸이 50회 정도의 운동이라면 중간에 쉬어가며 해도 다 마치는 데 20분이면 충분합니다. 제 운동의 목표는 가능한 짧은 시간 안에 끝내기이기 때문에, 쉬는 시간도 최소한으로 줄입니다. 그렇게 20분짜리 운동을 끝내면 너무 힘듭니다. 심장이 입으로 튀어나올 것 같아요. 저는 늙어서 그렇지만 여러분은 젊으니 힘이 남아돌 거고, 그러면 더 해도 됩니다.

어쨌든 최대한 짧고 굵게 운동하는 습관을 들이라는 겁니다. 여러분들도 수험생이 되면 시간이 별로 없을 겁니다. 운동을 제대로 하되, 시간을 줄여서 공부나 게임에 쓰면 좋잖아요.

이렇게 짧게 하는 운동의 다른 장점도 있습니다.

우선 운동을 하지 않을 핑계 대기가 힘들어집니다. 운동하는데 최소 한 시간이 필요한 사람이 있다고 칩시다. 만약 그 사람에게 여유시간이 한 시간이 채 되지 않는다면 그날 그 사람은 운동을 못 하게 됩니다. 운동 시간이 길어질수록 '시간이 없어서 운동을 못 한다'는 변명이 통하게 되는 겁니다. 하지만 10분짜리 운동이라면? 그걸 못 할 만큼 바쁜 사람은 거의 없습니다. 운동을 하지 않을 핑계가 없어지는 겁니다. 짧아서 도저히 못한다고 할 수 없는 10분짜리 운동을 3번만 하면 30분이 됩니다. 작고 짧은 운동이 우리 같이 바쁜 사람들에게 좋은 이유죠.

긴 운동일수록 가성비가 떨어집니다. 운동하는 시간이 너무 긴 사람들 대다수는 진짜 운동하는 시간보다 노닥거리는 시간이 더 많습니다. 물론 정말로 긴 운동시간을 꽉 채워서 운동하는 사람도 있을 겁니다. 프로 선수이거나 진짜 열심인 운동꾼들은 그렇겠죠. 하지만 그런 사람은 정말 극소수입니다. 그리고 아마추어가 너무 오래 운동하면 부상의 위험도 커지고요.

체육관(흔히 헬스장이라 부르는)에 가보면 운동기구에 한참을 앉아서 스마트폰을 보거나 딴짓 하는 사람들이 있습니다. 그들이 운동하는 시간은 그 기구에 앉아 있는 시간의 1/10 정도입니다. 그 동안 다른 사람이 운동할 기회를 빼앗고, 자신은 운동을 오래 했다고 스스로를 속이는 거죠.

운동은 짧게 할수록 효과가 좋고 시간을 아낄 수 있습니다. 운동 습관의 순환고리는 이렇게 짤 수 있습니다.

신호 (운동기구가 보인다) → 갈망 (얼마나 뻐근할까?) → 행동 (빡세게 한다) → 음미 (하, 불태웠다)

핵심은 중간에 딴짓할 틈을 없애는 겁니다. 휴식은 음미하는 시간이면 충분합니다. 운동효과를 극대화하려면 휴식은 1분 내외가 최선입니다.

꼭 필요한 습관 **⑤**

# 자기 전
# 양치하는 습관

이빨을 닦기 전에는 절대로 잠을 자면 안 됩니다. 한번 썩기 시작하면
썩는 걸 중단시키거나 늦출 수는 있어도, 원상복구는 안 됩니다.

---

치아는 소모품입니다. 아주 중요한 사실입니다.

우리 몸의 많은 부분이 재생됩니다. 뼈는 부러져도 다시 붙습니다. 피부에는 상처가 생겨도 아물죠. 머리도 빠졌다가 다시 날 수 있습니다. 심지어 뇌가 손상을 입어도 많은 부분이 원래 수준으로 회복됩니다.

하지만 치아는 그렇지 않습니다. 유치가 영구치로 바뀐 다음부터 치아는 재생이 불가능합니다. 한번 썩기 시작하면 썩는 걸 중단시키거나 늦출 수는 있어도 처음으로 되돌릴 수는 없죠. 치아는 빠지면 그걸로 끝입니다.

인터넷을 보니, 누군가는 빠진 이빨을 다시 끼웠다고 하더군요. 네, 그 사람은 엄청나게 운이 좋은 겁니다. 대부분의 사람에겐 그런 운이 없어요. 치아 관리가 중요한 건 그 때문입니다.

양치질은 치아 건강을 지키는 중요한 습관입니다. 물론 술을 안 마시거나 최소한 적게 마시기, 담배 피우지 않기도 치아 건강을 위한 중요한 습관이지만, 양치질은 그 모든 치아 관리의 기초라 할 수 있습니다.

제 주변에는 식사 후에 습관적으로 양치질을 하는 사람들이 꽤 있습니다. 그것도 나쁘지 않은 습관입니다. 하지만 가장 중요한 양치질은 잠자기 전에 하는 겁니다. 하루에 단 한 번 양치질을 해야 한다면 그건 잠자기 전입니다.

그리고 양치질을 할 때는 치아뿐만 아니라 잇몸을 닦는 게 중요합니다. 흔히 '이빨 닦는다'는 말 때문에 이빨만 닦으면 된다고 생각하는데 잘못입니다.

이렇게 생각해보세요. 여러분이 음식을 먹다가 얼굴에 양념이나 음식이 묻었다면, 당연히 닦아내지 않겠습니까? 그 이유가 뭘까요? 얼굴에 양념이 묻으면 피부가 자극을 받는데다 냄새까지 느껴집니다. 피부가 자극을 받아서 빨갛게 붓거나 가려워지거나 심지어 뭔가 염증이 생기기도 합니다. 그래서 세수를 하죠.

잇몸도 피부입니다. 물론 얼굴 피부만큼 예민하지는 않습니다만 피부인 건 마찬가지죠. 잇몸에 음식물 찌꺼기나 양념이 붙어 있는 상태로 한참을 놔두면 잇몸에도 문제가 생깁니다. 지금 당장은 아니더라도 계속 그런 식으로 지내면 반드시 트러블이 생기게 되어 있습니다.

## 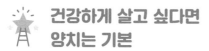 건강하게 살고 싶다면 양치는 기본

잇몸에 염증이 계속 되면 잇몸이 감싸고 있던 이빨의 뿌리에도 그 염증이 번지죠. 그러면 이빨이 뿌리부터 썩어서 나중에는 아예 뽑아야 할 수도 있습니다. 차라리 이빨의 겉면이 썩는 충치는 치과에서 때우면 됩니다. 그런데 잇몸이 상해서 생기는 문제는 훨씬 심각해집니다.

그러니까 세수하듯 잇몸도 닦아야 합니다. 얼굴을 닦는다고 생각하고 부드럽게, 하지만 구석구석 닦아야 합니다. 최소한 잠자기 전에 한 번은.

졸릴 때 양치질하는 게 참 귀찮습니다. 하지만 여러분이 이 습관을 일단 한 번 시작하면 아마 계속 하게 될 겁니다. 왜냐하면 기분이 좋거든요. 세수를 해본 사람은 누구나 세수한 직후의 개운함을 압니다. 양치질도 마찬가지죠. 입안을 깨끗하게 헹구고 나면 역시 개운합니다. 치약에는 향료가 들어 있는데 그 개운함을 배가시키기 위해서 일부러 첨가한 겁니다.

그렇다면 이 습관은 어떻게 만들까요? 핵심은 양치질과 잠자기 사이에 입에 들어가는 건 오로지 물뿐이어야 한다는 점입니다. 탄산음료, 주스, 과일, 과자나 다른 음식이 들어가면 양치질의 효과는 사라집니다. 따라서 잠을 자는 것과 양치질이 하나로 연합되면 됩니다.

양치질의 신호는 침대와 이불입니다. 여러분이 누워 잠을 자는 그곳 말이죠. 잠을 자기 전에 입안이 개운해야 한다는 갈망이 생기면 됩니다.

신호: 침대 → 질문: 내 입안은 개운한가? → (아니면) 양치질을 한다 → 아이, 개운해

꼭 필요한 습관 ❻

# 돈이 생긴 후에
# 쓰는 습관

늘 빚을 지고 불안하게 사느냐, 아니면 경제적으로 여유 있게 사느냐는
돈을 얼마나 쓰느냐가 아니라 언제 쓰느냐에 달려 있습니다.

---

자본주의는 이제 전 세계를 아우르는 삶의 원칙입니다. 이 세상에 자본주의 원칙이 통하지 않는 곳은 없습니다. 심지어 북한도 자본주의를 받아들이는 중이죠. 여러분은 대한민국 국민이고 민주국가의 시민이지만 동시에 자본주의 시장의 소비자이기도 합니다.

그런데 학교에서는 국민으로서 알아야 할 것들은 많이 가르치고, 시민으로서 알아야 할 것들은 간신히 기초만 가르치는데, 소비자로서 알아야 할 건 거의 가르쳐주질 않습니다.

특히 소비자로서 제일 먼저 알아야 할 것은 자본주의의 핵심

인 돈에 대한 것입니다. 돈을 어떻게 써야 하는지를 아는 건 정말 중요합니다. 이 지식과 기술이 있으면 같은 돈을 가지고 남들보다 훨씬 더 많은 것을 할 수 있거든요. 반대로 이 지식이 없으면 그 돈으로 그저 남 주머니를 채워주기만 할 수도 있고, 심하면 평생 부채의 구렁텅이에서 허우적거리게 될 수도 있죠.

이 책은 경제 교과서가 아닙니다. 그래서 돈 쓰는 지식을 다루지는 않습니다. 제가 뭐 누굴 가르칠 만큼 돈에 대해 잘 아는 것도 아니고요. 단지 여기서는 돈에 대한 습관 딱 하나만 이야기하겠습니다.

그 하나가 뭐냐면, 여러분 주머니에 돈이 실물로 들어온 다음에 쓰는 습관입니다. 이와 반대의 습관은 앞으로 생길 돈을 미리 쓰는 습관입니다. 이렇게 미리 돈 쓰는 습관이 여러분을 불행으로 이끌게 됩니다.

어떻게 돈 들어오기 전에 쓸 수 있냐고요? 많은 어른들이 그렇게 합니다. 대표적인 것이 할부구매입니다. 할부는 결국 미래의 내가 벌어야 하는 돈을 미리 빚내서 쓰는 겁니다. 예를 들어 12개월 할부를 했다면 12개월 동안 빚을 지겠다는 뜻입니다. 무이자 할부도 마찬가지입니다. 이자가 없을 뿐 미래의 내가 돈을 내야 하는 건 변함없죠.

무이자 대출? 이 세상에 공짜로 돈을 빌려주는 사람은 없습니다. 돈 빌려주는 사람은 그러면 뭐 굶어야 하게요? 거의 모든 무이자 대출은 더 많은 대출과 더 많은 이자를 위한 미끼입니다. 실제로 이 미끼에 많은 사람들이 걸려듭니다. 나는 예외일 것이라고 생각하는 순간, 가장 만만한 호구가 됩니다.

## 내 주머니에 있는 돈만 쓰자

돈을 미리 쓰는 습관이 무서운 이유가 뭘까요? 여러분의 손실 범위를 넓히기 때문입니다.

주머니에 있는 돈만 쓰면, 여러분이 그 돈을 아무리 바보처럼 쓰더라도 여러분이 잃어버릴 수 있는 돈은 거기서 멈춥니다. 그런데 할부, 무이자 대출 따위를 하면 여러분이 잃을 수 있는 돈의 크기는 몇 배, 몇십 배로 커지죠. 심각한 경우에는 여러분이 앞으로 평생 동안 벌게 될 돈을 모두 가져다 바쳐야 할 수도 있습니다. 왜냐하면 대출한 돈은 '원금+이자'를 갚아야 하는데, 그 이자가 복리거든요. (복리의 무서움은 나중에 따로 찾아보세요.)

물론 거주할 곳이 없다거나, 겨울에 외투가 한 벌도 없다거나, 당장 한 끼 때울 음식이 전혀 없다거나 하는 경우라면 할부나 대출을 할 수도 있습니다. 이런 경우는 제가 못 도와드려서 미안한 일이죠.

하지만 여러분들이 그런 상황인 경우는 거의 없잖아요. 여러분이 지금 할부를 하려는 이유는 핸드폰이 이미 있는데 새 핸드폰이 사고 싶어서, 이미 입을 옷이 몇 벌 있는데 새 옷이 사고 싶어서, 새 신발을 사고 싶어서, 게임 아이템 하나 더 채우고 싶어서 그런 거 아닌가요? 그러니까 지금 가진 돈만 쓰세요. 돈이 없으면? 돈이 생길 때까지 참으세요.

이 습관은 여러분의 미래를 결정합니다. 중고등학생 때부터 대출이나 할부에 눈을 뜨면 어른이 되어서는 더 제어를 못하게 됩니다. 대출이나 할부는 절대로 여러분을 위해 존재하지 않습니다. 그 물건을 파는 사람, 대출이자를 챙기는 사람들을 위해 존재하는 겁니다.

그렇다면 이런 습관을 만들려면 어떻게 해야 할까요? 갈망단계를 질문으로 바꾸세요. 무슨 질문을 하냐고요? 다음과 같은 질문을 하면 됩니다.

---

Q  지금 내가 할부로 구매하려는 상품의 금액이, 몇 개월 후에는 내게 생길까?

- **Yes**  '그래? 그러면 돈이 생긴 그 몇 개월 후에 돈을 써라. 지금 할부로 산다거나 대출받지 말고.'
- **No**  '아니, 몇 개월 후에도 그 돈이 생길 것 같지 않은데?'

---

'Yes'와 'No', 이 두 가지 중에서 'No'라는 판단이 든다면 그 물건은 포기해야 합니다. 그 물건은 여러분 것이 아닌 겁니다. 그 물건을 구매하면 여러분은 반드시 다른 누군가에게 피해를 입히게 되어 있습니다. 미래의 여러분 자신, 아니면 여러분 부모나 가족, 혹은 다른 누군가가 그 돈을 대신 지불하게 되겠죠. 그건 범죄입니다.

돈 앞에서는 언제나 갈망을 질문으로 바꾸는 습관을 들이세요. 여러분은 돈 앞에서는 하고 싶은 대로 하면 안 됩니다.

더 중요한 건, 그 다음입니다. 여러분이 그 행동(물건 사기, 여행가기, 뭐 보기 등)을 했든 하지 않았든, 본인이 그 선택에 얼마나 만족하는지를 음미하는 겁니다.

많은 사람들이 자기 돈을 써놓고서도 그 결과를 대충 넘깁니다. 정말 그만한 값어치가 있었는지 평가하지를 않아요. 왜냐고요? 무섭거든요. 내가 헛돈 쓴 사실을 깨닫게 될까봐요. 그래서 후회할까봐요. 오히려 돈을 안 쓰고 기다리다 보면 뒤늦게 정신을 차리는 경우가 더 많습니다.

이런 평가를 한번 해보고나면 여러분은 조금 더 현명해질 겁니다. 그리고 다음에는 더 냉정하게 질문하고 답할 수 있게 될 겁니다. 이렇게 하면 호구가 아닌 똑똑한 소비자로서의 한 계단을 오르는 겁니다.

신호 (소비의 대상) → 질문 ('지금 돈이 있나? 없다면 얼마 뒤에는 생길까?')

→ 소비하거나 소비하지 않는다. → 음미 ('내 소비에 만족하나? 소비할 만

한 가치가 있었나?')

CUE

ROUTINE

ACTION

여기서는 멘탈을 강화하고, 나쁜 습관으로부터 우리를 보호해주는 습관들을 추천합니다.

습관은 이성보다 강하다.
Habit is stronger than reason.

_ 조지 산타야나(미국의 철학자이자 작가)

5장

HABIT

십대에게 꼭 필요한
**마인드습관
만드는 방법**

꼭 필요한 습관 **❶**

# 혼자 있는
# 시간 만들기

하루 중 얼마간은 온전히 혼자 지낼 줄 알아야 강한 멘탈이 생깁니다.
혼자가 될 줄 알아야 함께 잘 지낼 수 있기에 사회성에도 좋습니다.

---

여기서 말하는 '혼자'는 여러분 눈앞에 남이 없는 상태가 아닙니다. 오프라인뿐만 아니라 온라인으로도 남들과 연결되지 않은 상태를 말합니다. 커뮤니티나 채팅은 물론이고 인터넷 자체가 눈에 보이지 않는 상태 말입니다.

언젠가 '멍 때리기 대회'라는 이상한 대회가 한국에서 열린 적이 있습니다. 아무것도 하지 않고 멍 때리는 게 뭐가 대단하다고 대회를 열고 상을 주는지, 어처구니없고 한심하다고 할 수도 있습니다. 하지만 이 대회에는 분명히 심리적 가치가 있었습니다. 우리는 멍 때리는 동안에는 최소한 완전히 혼자가 되기 때문입니다.

한국은 사실 혼자 지내기 쉽지 않은 곳입니다. 누군가 혼자 있으면 그 사람에 대해 제멋대로 판단을 내리고 끼어들려는 사람들이 많은 오지랖의 나라니까요. 외국에서는 누구나 당연하게 하는 '혼밥'도 이상한 행동 취급을 받습니다. 이렇게 오지랖에 시달리다 보면 스스로도 주눅이 들어 결국 그 귀한 혼자만의 시간을 충분히 즐기지 못하게 됩니다.

하지만 사실 남을 지적하거나 간섭하는 사람들치고 자기 삶에 충실한 사람은 드뭅니다. 자기 삶을 열심히 사는 사람들은 남을 평가하거나 간섭할 이유도, 그런 일에 낭비할 시간도 없기 마련이거든요.

혼자 있는 시간이 중요한 이유는, 성장하기 위해서는 혼자인 것에 익숙해질 필요가 있기 때문입니다. 물론 인간은 사회적인 동물입니다. 우리는 원래부터 공동체 속에서 살도록 만들어져 있습니다. 뿐만 아니라 우리가 건강한 사회성을 가진 사람으로 성장하려면 당연히 친구도 사귀고, 학교생활도 함께 잘해야 합니다. 그렇게 함께 지내는 경험을 통해 공동체의 일원으로 살아가기 위해 필요한 눈치나 센스도 키워집니다. 연애도 마찬가지입니다. 제대로 된 이성교제 경험도 어느 정도 있어야 어른이 되어서 바보 같은 짓을 덜 합니다.

그런데 이런 사회성을 위해서도 혼자 있는 경험이 필요합니다. 혼자가 될 줄 알아야 함께 잘 지낼 수 있거든요.

## ☆ 혼자 있을 수 있는 사람은 당당하다

멘탈이 약한 사람들의 공통적인 특징은 혼자됨에 대한 두려움이 크다는 점입니다. 우리 주변에는 남들이 봐주지 않으면 내가 살아가는 의미가 없다고 느끼는 사람들이 의외로 많습니다. 그런 마인드는 불행의 시작이 됩니다.

우리는 자기가 얼마나 잘 살고 있는지를 판단하기 위해서 타인에게 의존할 필요가 없습니다. 한 번뿐인 내 인생을 남들 시선에 흔들리며 살거나 반대로 남들 삶에 간섭하며 써버리기엔 너무도 아깝습니다.

혼자인 것이 두렵지 않을수록, 다른 사람을 대할 때 당당해집니다. 그리고 우리가 당당할 때 다른 사람과 건강한 관계를 유지할 수 있습니다.

혼자 있는 시간에 중요한 건 '음미하기'입니다. 내가 혼자 있을 때 기분이 어떤지, 혼자 있는 시간을 보낸 다음에 내가 어떻게 달라지는지를 음미하세요. 혼자 있기를 두려워하는 가장 큰 이유는 그래본 적이 없거나, 막연하게 그러면 기분이 나쁠 것이라고 믿기 때문입니다. 그런 막연한 두려움 때문에 남들에게 휘둘리기도 합니다. 친구에게 무시당하거나 버림받을까봐 친구의 부당한 요구나 부탁을 거절하지 못하는 경우도 있습니다.

혼자 있는 습관을 들이면 혼자 있는 상태에 익숙해지고,
혼자 있는 상태를 두려워하지 않게 된다.
그것만으로도 당신의 멘탈은 한 단계 더 강해진다.

자발적으로 혼자 있는 시간을 보내면서 자기 기분을 자세히 살펴보면, 그런 걱정이 진짜인지 아니면 그냥 불필요한 걱정이었는지를 확인할 수 있습니다.

혼자 있을 때마다 정말로 기분이 우울해지는 분은 혼자 있는 시간을 줄여야 하겠죠. 하지만 우리들 대부분은 그렇지 않습니다. 혼자만의 시간을 통해서 여유를 찾고, 자기감정이나 생각을 정리하고, 침착하고 자신감 있게 남들을 만날 준비를 할 수 있습니다.

꼭 필요한 습관 ❷

# 시작한 일은
# 꼭 끝내기

시작한 일을 끝내는 게 왜 중요한지, 어떻게 해야 하는지 살펴봅니다.
누구나 말하는 중요한 습관이지만 아무나 해내지 못하는 습관입니다.

일단 시작한 일을 온전히 끝내는 것도 습관입니다. 아예 일을 시작하지 않아도 스트레스를 받지만 일단 시작한 일을 끝내지 않으면 미결감으로 인해 행복하지 못하게 됩니다. 여러분 중에 다음과 같은 이야기를 들어본 분도 있을 겁니다.

젊은 스님과 노승이 길을 가다 강을 건너지 못해 난감해하는 여인을 만났다. 젊은 스님이 망설이는 사이, 노승은 선뜻 그 여인을 업어서 강을 건네주었다. 다시 가던 길을 한참 가다가 마침내 젊은 스님이 항의했다. "스님, 우리는 출가한 사람들인데 어찌 젊은 여인을 등에

업으실 수가 있습니까?" 그러자 노승이 말했다. "아, 그 여인 말인가? 나는 진작 그 개울가에 내려놓고 왔는데 너는 아직도 업고 있느냐?"

정신의학자들에 따르면 건강한 사람은 과거에 집착하며 후회하지도 않고, 미래를 두려워하지도 않으며 지금 현재 자신에게 주어진 경험을 받아들이고 대응할 수 있는 사람입니다. 이를 위해서는 모든 경험이 하나의 온전한 형태를 유지해야 합니다. 어떤 이유에서든 이 형태가 깨어지면 우리는 마음의 건강을 잃습니다. 즉 과거에 집착하고 현재 자신에게 주어지는 경험을 회피하며 미래를 두려워하는 거죠.

그렇다면 무엇이 형태를 깨트릴까요? 다름 아닌 미결 사건 혹은 미완성된 경험들입니다.

시작한 일을 끝내지 못하면 그게 미완성된 경험이 됩니다. 마무리를 못한 일들은 머릿속에 계속 남아 있습니다. 그러고는 다른 일을 할 때도 방해를 합니다. 지금 내가 해야 할 일에 집중하지 못하고 자꾸 지금 일과 예전에 끝내지 못한 일에 신경쓰며 산만해지게 됩니다. 그러다 보면 지금 하는 일도 제대로 못하게 됩니다. 그러면 그 다음에는 제대로 끝내지 못한 일이 하나가 아니라 둘이 되겠죠. 결국 상태가 더 나빠집니다.

앞서의 우화에서 젊은 스님이 여인을 잊지 못했던 이유는 그가

시작한 일을 끝내지 않으면 그 일이 당신의 행동을 구속하게 된다.

여인을 적절히 돕지 못했기 때문입니다. 반대로 노스님이 개운하게 길을 갈 수 있었던 이유도 그가 서슴없이 여인을 도왔기 때문이죠. 즉 노스님은 여인 사건을 완결지었던 반면, 젊은 스님에게 여인은 미결사건이었던 것이죠. 억울함, 원한, 후회 등의 감정은 모두 이렇게 완결하지 못한 사건에서 생기는 감정입니다.

이런 일이 반복되면 자존감이 떨어집니다. 새로운 일을 시작할 자신감도 없어집니다. 무슨 일을 해도 의욕이 생기지 않습니다. 어차피 이번 일도 제대로 못 끝내고 후회만 남길 거라는 생각이 들테니까요.

## 미루지 않고 끝내기 위한 방법

그렇다면 어떻게 해야 미루지 않고 끝내는 습관을 만들까요? 이 역시 할 일을 작게 나누는 것부터 시작합니다.

이 분야 전문가인 닐 피오레 박사는 '15분 룰'을 이야기합니다. 15분 안에 끝낼 수 있는 단위로 할 일을 나누라는 겁니다. 그리고는 첫 번째 15분짜리 일을 끝내는 것부터 시작하는 거죠. 그 일을 끝내는 데 20분 혹은 30분이 걸려도 됩니다. 어쨌든 하나를 끝냈다면, 이제 또 15분짜리 일 하나를 시작합니다. 이렇게 계속 반복

5장 십대에게 꼭 필요한 마인드습관 만드는 방법 ● ●

합니다.

우리가 해야 할 일 중에는 15분 만에 할 수 있는 것들이 의외로 많습니다. 한국 사람이라면 15분 안에 한 끼 식사를 끝낼 수 있을 겁니다. 방 청소도 15분 안에 끝낼 수 있어요. 방이 아주 넓지 않다면 진공청소기로 바닥을 청소하는 데 10분도 안 걸립니다.

여러분이 할 수 있는 집안일 대부분은 15분 단위로 나눌 수 있습니다. 빨래하기도 세탁기에 '빨랫감 집어넣고 세탁기 작동시키기+세탁물 꺼내서 건조시키기'로 나누면 각각 15분 이내에 할 수 있는 일이 됩니다.

문제는 공부인데, 중요한 팁을 알려드리겠습니다. 공부를 공부라고 생각하지 마세요. '공부'는 아주 애매한 단어입니다. 구체적이지 않죠. 게다가 공부 자체는 끝낼 수가 없어요. 공부는 평생 하는 거니까요. 그러니까 공부라고 하지 말고, 구체적인 목표를 정하세요.

예를 들어 '역사 교과서 한 페이지 읽기. 영어 문장 3개 외우기. 수학 문제 하나 풀기'처럼 여러분이 15분 안에 끝낼 수 있는 것으로요. 그리고 하나를 끝내고 더 할 수 있을 것 같으면 다른 하나를 더 하는 겁니다. 이렇게 하나씩 하나씩 끝내갑니다.

여기서 함정. 15분짜리 목표를 완결하기가 의외로 쉬울 수 있습니다. 그리고 이렇게 하나씩 하는 게 너무 느리다고 느껴질 수 있습니다. 평소에 일을 미루던 친구들일수록 성급한 경향이 있습니다. 네, 평소에 참고서 한 페이지도 간신히 끝내던 친구에게 15분 단위 끝내기를 시키면 '이렇게 하나씩 해서 도대체 언제 남들 진도 따라가겠느냐'고 조바심을 냅니다.

어처구니없습니다만, 그것이 인간이죠. 그런 친구들이 빠지는 전형적인 함정이 바로 한 번에 여러 개를 하려는 겁니다. 수학문제도 풀고, 동시에 영어 단어도 외우는 거죠. 그러면 더 빨리 할 수 있을 것 같으니까요. 하지만 그렇게 하다 보면 결국 다시 처음으로 돌아옵니다. 어느 것 하나 제대로 끝내지 못하는 상태로요.

절대로 한 번에 여러 가지를 하려고 하지 마세요. 하나씩 하나씩 끝내야 합니다. 급하면? 그래도 하나씩 하나씩 끝내야 합니다. 더 열심히 하나씩 끝내는 수밖에 없습니다.

꼭 필요한 습관 ❸

# 열등감을
# 받아들이기

열등감을 받아들이고 노력해서 이를 극복해야 자신감이 키워집니다.
열등감은 나를 키우는 비타민이므로 열등감을 두려워하지 마세요.

행복과 불행은 동전의 양면입니다. 이건 제가 지어낸 말이 아니라, 에릭 에릭슨이라는 심리학자의 말입니다. 이 분에 따르면 인간의 성장과정은 늘 동전의 양면으로 이루어져 있습니다. 예를 들어 신뢰라는 건 불신과 함께 옵니다. 불신을 모르는 자는 신뢰가 뭔지도 모르는 거죠. 같은 식으로 자율성은 수치심과, 주도성은 죄책감과, 정체감은 역할 혼미와, 생성감은 침체감과 짝을 이룹니다. 모두 정반대의 감각 혹은 인식입니다. 그리고 모두 존재하기 위해서 상대방을 필요로 합니다.

그렇다면 자신감의 반대는 뭘까요? 열등감입니다. 그러니까 자신감을 얻으려면 먼저 열등감을 느껴야 한다는 겁니다. 우리 인생 최초의 열등감은 보통 누군가와 나를 비교할 때 생겨납니다.

외동이라면 집에서는 열등감을 느껴볼 기회가 없었을 수도 있습니다. 하지만 유치원 혹은 초등학교에 입학하면 반드시 열등감을 느낄 일이 생깁니다. 왜냐하면 거기엔 나와 똑같은 나이의 아이들이 가득하니까요. 뭘 해도 비교가 되거든요. 달리기를 해도, 노래를 불러도, 춤을 춰도, 공부를 해서 시험을 봐도 전부 비교가 됩니다.

내가 남들보다 잘하는 게 있다면 그때 나는 우월감을 느낍니다. 우월감은 좋은 기분입니다. 하지만 우월감은 별로 영양가가 없는 기분이기도 합니다. 그냥 그것으로 만족하고 끝나거든요.

하지만 열등감은 다릅니다. 뭔가에 대해 내가 남들보다 못하다는 인식이 열등감인데, 우리는 열등감을 느끼면 반드시 극복하려고 들게 되어 있습니다.

## ⭐ 열등감은 나를 키우는 비타민

어떻게 극복할 수 있을까요? 두 번째 방법부터 말씀드리죠. 그건 '우회하기'입니다. 우회하는 방법은 '나는 그건 못하지만 대신

5장 십대에게 꼭 필요한 마인드습관 만드는 방법 ● ●

열등감을 받아들인 다음부터 우리는 노력을 통해 자신감을 키울 기회가 생긴다.
그리고 알고 보면 모든 사람들은 다 각자의 이유로 열등하다.

다른 걸 잘해!'라고 생각하는 겁니다. 충분히 가능한 방법이지만 좀 비겁한 타협처럼 느껴지기도 하죠. 그래서 대개는 첫 번째 방법을 씁니다.

첫 번째 방법은 정면돌파입니다. 나에게 열등감을 느끼게 한 그것에 다시 도전해서 내가 못하지 않다는 걸 증명하는 방법이죠. 대개 그냥 도전하면 당연히 실패할 것이니 뭔가 준비를 합니다. 열등감을 느꼈던 게 달리기였다면 혼자서 달리기 연습을 하는 겁니다. 수학 시험이라면 내가 틀렸던 문제들을 틀리지 않을 때까지 다시 풀어보는 것이 되겠죠. 다시 말해서 내 약점을 보완하기 위한 노력을 하는 겁니다. 그렇게 도전해서 적어도 지난번보다는 조금 나은 결과를 얻으면, 우리에겐 아주 약간 자신감이 생깁니다.

이 자신감의 핵심은 '내 노력이 효과가 있다'라는 믿음입니다. '나는 처음에는 잘 못해도 노력하면 잘 할 수 있어!'라는 믿음, 그게 진정한 자신감입니다. 에릭슨은 이 자신감을 '근면성'이라고 불렀습니다.

근면성은 열심히 노력하는 태도를 말합니다. 그런데 노력하는 태도는 '내 노력이 효과가 있다는 믿음'이 있어야 생긴다는 겁니다. 여러분 주변에는 공부를 포기한 친구들이 있습니다. 왜 포기했을까요? 애초에 게을러서? 아닙니다. 오랜 시간 동안 공부에는 내 노력이 효과가 없음을 느꼈기 때문입니다.

저는 에릭슨의 이 이론을 진심으로 믿습니다. 왜냐하면 제가 정말로 그런 경험을 했기 때문입니다.

혼자 놀기에 익숙했던 저는 제 기분에도 상당히 민감했습니다. 그래서 남들과는 달라도 어쨌든 저에게 효과가 있다고 느껴진 공부 방법을 찾아서 그 방법대로 계속 공부를 했습니다. 그러다 보니 조금씩 성적이 올랐습니다. 그전 학기까지만 해도 반에서 12등 정도였던 성적이 매월 월말고사를 볼 때마다 1~2등, 어떤 때는 3~4등까지 올랐습니다.

반에서 10등 밖에 있던 제가 공부를 해서 조금씩 성적을 올려갈 때, 제가 경험한 건 정확히 에릭슨이 말한 근면성이었습니다. 그 근면성은 여러 겹으로 층층이 느껴졌죠. 앞서 야간 자율학습을 마치고 밤늦게 집에 돌아갈 때 느끼던 뿌듯함에 대해 말씀드렸습니다. 제 성적이 오를 때마다 저는 그 매일의 뿌듯함이 내 착각이 아니라 진짜라는 사실을 '느꼈습니다'.

그 느낌이 계속되면서 점차 확실한 신념, 확신이 되어갔습니다. 다시 말해서 저는 제대로 노력한 날 어떤 기분인지, 그리고 그 기분이 계속 쌓이면 어떤 결과가 나오는지를 명확히 알게 되었던 겁니다. 그게 바로 근면성이었습니다.

물론 제가 그 이후로 근면한 사람이 된 건 아닙니다. 하지만 그 이후 저에게 어떤 명확한 신념이 생겼던 건 분명합니다. 그건 '적어도 공부 분야에서 나는 노력하면 분명히 향상 된다'는 신념이었습니다. 제가 계속 공부와 관련된 길로 가게 된 것도 결국 그 자신감 때문입니다. 그러니까 그때 쌓은 노력의 자기 효능감, 공부 분야의 자신감이 지금의 저를 만든 셈이죠.

모두가 공부라는 분야에서 이런 자신감을 경험할 수는 없을지도 모릅니다. 하지만 적어도 열등감을 경험하고 노력을 통해 이를 조금씩 극복할 때 생기는 자신감은 누구에게나 생길 수 있습니다. 공부 분야가 아니라 다른 어떤 분야든 여러분이 노력했을 때 효과가 있는 곳에서 이루어집니다.

자존감은 자신감에서 나옵니다. 단단한 자신감의 기반 위에서 자존감이 생겨납니다. 그리고 그런 자신감은 작은 승리 경험이 쌓이고 쌓여서 만들어집니다.

승리의 크기보다는 빈도가 중요합니다. 승리한 횟수가 많을수록 자신감은 더 크고 단단해집니다. 그래서 자잘한 승리가 필요한 겁니다.

꼭 필요한 습관 ❹
# 작게
# 기대하기

기대를 많이 하면 실망할 가능성이 높아지게 마련이고,
실망하면 꾸준히 더 하고 싶은 욕구가 줄어들고 맙니다.

---

어릴 적에 우리는 자기가 상당히 중요하고 대단한 존재라고 생각합니다. 물론 어느 정도는 사실입니다. 여러분의 부모님에게 여러분은 누구보다도 귀한 자식이죠. 게다가 어릴 적에는 능력을 과대평가하기 쉽습니다. 말 한마디만 해도 주변에서 놀라고, 어설프게 노래 한 소절을 불러도 저 어린 나이에 벌써 그 정도를 한다며 칭찬들을 해주죠.

이처럼 세상은 어린 아이에게 큰 기대를 하지 않습니다. 그래서 대부분의 어린아이들은 자존감이 높습니다. 주변 어른들이 착하다. 귀엽다. 똑똑하다. 대단하다… 같은 좋은 이야기만 해주니까요.

그러나 나이가 들수록 현실을 깨닫게 됩니다. 우리가 그렇게 대단한 능력을 가지고 있지는 않다는 사실을. 물론 우리 모두는 각각 이 세상에 하나뿐인 소중한 존재들이긴 합니다. 그건 사실입니다만, 나만큼이나 다른 사람들도 다 똑같이 소중하고 독특한 존재들이죠. 우리는 모두 대단히 특별합니다. 다들 특별하기 때문에 우리 모두는 평범한 거죠. 우리가 습관을 고치고 노력을 해야 하는 이유도 그 때문입니다.

우리가 타고난 천재이거나 능력자라면 노력을 할 필요가 없을 겁니다. 뭐든 조금만 공부하면 저절로 깨닫고, 아무리 어려운 지식이나 기술도 순식간에 습득할 수 있겠죠. 하지만 우리는 그렇게 뛰어난 사람은 아닙니다. 그래서 매일 조금씩 스스로를 향상시켜야 하는 겁니다. 꾸준히 나를 향상시키기 위해서 나쁜 습관들을 좋은 습관으로 바꾸어나가야 하는 거고요.

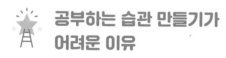

## 공부하는 습관 만들기가 어려운 이유

공부하는 습관을 만들기 어려운 이유가 뭘까요? 공부하면 보상을 받지 못해서일까요? 천만에요. 학생들에게 공부만큼 보상이 확실한 게 어디 있습니까? 공부를 하면 전에 못 풀던 문제를 풀게 됩니다. 정말 기분 좋은 보상이죠? 게다가 앞으로도 이런 문제가 나오면 풀어낼 자신감이 생깁니다. 이런 자신감들이 쌓이면 성적이 오릅니다. 성적이 오르면? 여러분은 주변 사람들에게 칭찬받고 인정받습니다. 모두 공부가 주는 보상입니다.

그런데 우리는 왜 공부 습관을 들이지 못할까요? 어째서 공부가 주는 확실한 보상을 실감하지 못했을까요? 그 이유는 너무 큰 보상을 기대했기 때문입니다.

하루 공부로 얻을 수 있는 보상은 문제풀이 실력 향상도 아니고, 성적 향상은 더욱 아닙니다. 우리는 단 하루 만에 그 정도로 바뀌지 않습니다. 그런데 많은 학생과 학부모들이 하루 이틀 공부하고서 그런 보상을 기대합니다. 그러니 실망하는 게 당연합니다. 이렇게 실망하면 어떻게 될까요?

앞에서 우리는 학습의 원리를 배웠습니다. 보상을 못 받는 행동은 어떻게 된다고 했죠? 사라집니다. 그렇게 헛된 보상을 꿈꾸면 결국 공부 의욕이 사라지게 됩니다. 그래서 지금처럼 공부에 아무런 갈망을 못 느끼는 상태가 된 겁니다.

하루 공부에서는 그에 걸맞는 보상을 기대해야 합니다. 그게 뭘까요? 100% 확언컨대, 여러분이 매일 꾸준히 공부해도 여러분의 실력은 아주 조금씩만 향상됩니다.

하루 열심히 공부한다고 해서 나에게 큰 변화가 일어나지는 않습니다. 물론 계속 꾸준히 공부하다 보면 가끔은 거의 도약에 가

만약 당신이 작은 습관이 이루어낸 작은 변화에 만족하면 그 습관은 계속된다.
그렇게 작은 변화가 쌓이면 결국 커다란 성장이 이루어진다.

까운 깨달음을 얻는 순간도 올 겁니다. 그러나 언제나 향상은 아주 느리게, 그것도 조금씩 일어납니다. 그러니까 우리는 기대를 적게 해야 합니다.

매일 매일 나에게 일어나는 아주 작은 향상을 느끼고, 거기에 만족하는 법을 배워야 합니다. 그 만족감이 내일의 노력을 기대하게 만들어주고, 그 기대와 갈망이 습관을 유지하게 해줍니다.

CUE

ROUTINE

ACTION

공부하는 습관은 누구나 중요한 줄 알지만 아무나 가지고 있지 않습니다.
어떻게 하면 공부하는 습관을 만들 수 있을지 생각해봅니다.

다행인 점은, 나쁜 자세와 마찬가지로 좋은 자세도 습관에 의해서 형성된다는 것이다.
Fortuately, good posture - like poor posture - is habit forming

_ 데니스 오스틴(미국의 피트니스 전문가)

6장

HABIT

**십대에게 꼭 필요한**
**공부습관**
**만드는 방법**

꼭 필요한 습관 ❶

# 수업시간에
# 집중하기

진짜 공부 잘하는 사람들은 정규 교과목 수업 시간에 집중합니다.
수업시간에 공부 안 하고 다른 시간에 공부하는 습관을 고쳐야 합니다.

평범한 사람과 똑똑한 사람의 차이는 원하는 것을 향해 집중력을 발휘하는 능력에 달려 있습니다. 우리는 초등학교에 입학한 이후 최소 12년간 정해진 시간 동안 한 가지에 집중하는 훈련을 해왔습니다. 수업시간 45분 동안은 선생님이 가르치시는 내용에 주의를 기울이는 습관을 배운 겁니다. 이 습관은 학교에서 우리가 배운 것 중에서 가장 중요한 것일지도 모릅니다. 제가 초중고 과정에서 배운 지식 중에서 지금도 기억하는 건 거의 없습니다. 하지만 수업시간에 집중해서 듣는 습관은 아직 제 몸에 남아 있습니다. 왜냐하면 지금도 그게 필요하니까요.

회의시간에 집중하는 것도, 세미나나 워크숍 시간에 뭔가를 이해하기 위해서도 이 습관이 필요합니다. 보고서를 작성하거나, 이 책 원고를 쓰기 위해서도 마찬가지로 이렇게 주어진 시간에 주어진 과제에 집중하는 습관이 필요합니다.

수업시간을 최대한 활용하려면 어떻게 해야 할까요? 기본은 '예습 → 수업 → 복습'의 3단계 순서를 지키는 겁니다. 공부의 기본은 예습하고, 수업시간에 열심히 집중해서 공부하고, 복습하고, 숙제하기입니다. 공부를 열심히 한다면서 내일 학교에서 배울 내용을 예습하지 않거나, 수업시간에 집중하지 않거나, 배운 내용을 복습하지 않거나, 숙제를 빼먹는 학생은 바보입니다. 쉽게 공부할 수 있을 때 하지 않고 다른 시간에 억지로 비용을 들여가며 훨씬 힘들게 공부하는 거니까요.

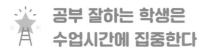

## 공부 잘하는 학생은 수업시간에 집중한다

공부 잘하는 학생들은 거의 모두 이 세 단계를 놓치지 않습니다. 예습을 하는 이유는 수업 시간을 제대로 활용하기 위해서 입니다. 예습은 길지 않아도 됩니다.

『학습클리닉』의 저자 정철희 교수님은 과목당 10분씩만 예습

중요한 공부 습관은 당신도 이미 알고 있지만 실천하지 않고 있는 것들이다.

하면 충분하다고 합니다. 수업시간에 배울 걸 미리 훑어보기만 하면 되는 겁니다. 그렇게 슥 살펴보면서 내가 알고 있는 것과 모르는 것을 구별해놓는 게 중요합니다. 그러면 수업시간에 집중해서 들어야 할 것과 수업시간을 복습 시간으로 활용할 수 있는 걸 미리 정해놓고 준비할 수 있으니까요.

그 다음은 수업입니다. 수업 시간에 배운 내용을 100% 이해하면 좋지만, 최소한 70%를 이해하는 걸 목표로 삼으면 됩니다. 그리고 복습을 합니다. 복습 역시 오래 할 필요가 없습니다. 수업이 끝난 직후 쉬는 시간 5분이면 됩니다. 뭘 배웠는지, 그 중에서 외워야 할 건 뭔지를 살펴보기만 해도 됩니다. 그리고 외워야 할 것을 따로 봐뒀다가 틈틈이 외웁니다.

마지막으로 숙제가 있습니다. 숙제가 중요한 이유는 숙제는 대개 혼자 하기 때문입니다. 학원이 늘어나면서 우리가 스스로 뭔가를 배우거나 익힐 기회가 예전에 비해 많이 줄었습니다. 그래서 혼자 있을 때 공부를 어떻게 해야 하는지 잘 모르는 학생들도 있습니다. 집에 혼자 있을 때 공부하는 법은 학교 숙제를 열심히 하는 겁니다.

학교 숙제 속에는 수업시간에 배운 걸 복습하는 과정이 포함되어 있습니다. 대개는 다음 시간에 배울 내용에 대한 예습도 포함되어 있죠. 무엇보다 중요한 건, 혼자서 숙제나 공부를 해서 얻은 것들은 온전히 내 것이라는 점입니다.

인강이 없으면, 학원을 가지 못하면 공부를 못하는 학생이 많이 있습니다. 그 학생의 공부 능력은 그 학생의 것이 아닙니다. 인강이나 학원의 것이죠.

우리가 배운 걸 내 것으로 만들기 위해서는 혼자 공부하는 시간이 필요합니다. 그 시간은 숙제하는 시간이면 충분합니다.

꼭 필요한 습관 ❷

# 한 번에
# 조금씩 하기

한 번에 조금씩 하되 그 작은 하나를 제대로 끝내는 습관은
다른 모든 곳에서와 마찬가지로 공부할 때도 제일 중요한 습관입니다.

이 습관은 '시작한 일을 끝내는 습관'과 '15분 룰'과 연결되는 이야기입니다. 하지만 공부에 대해서라면 좀더 자세히 설명할 필요가 있습니다.

앞서 이야기한 핀란드군의 장작 패기 전술, 이순신 장군의 백전백승의 비법을 기억할 겁니다. 이길 수 있는 전투만 하는 비결이 뭐였나요? 그것은 바로 내가 이길 수 있는 상태의 상대하고만 싸우는 것이었습니다. 이순신 장군은 빈틈없는 준비와 첩보로 이렇게 했고, 핀란드군은 적을 작게 쪼개서 해냈죠. 요점은 상대방을 내가 이길 수 있는 상태로 만들어야 내가 이길 수 있다는 겁니다.

공부를 하는 데 있어서 이긴다는 건 뭘까요? 다음 두 가지 조건을 충족하면 됩니다. 첫째, 내가 처음 시작했을 때 정한 공부량 목표를 달성해야 합니다. 둘째, 그렇게 달성한 공부량이 정말 내 것으로 소화되어 있어야 합니다. 이 두 가지 목표를 달성하지 못하면 아무리 많이, 아무리 오래 공부를 한다고 책상에 앉아 있어도 소용이 없죠.

공부는 음식을 먹는 것과 비슷합니다. 뇌의 식사가 공부죠. 음식을 한 번에 많이 먹는다고 해도 그 영양분이 전부 몸에 흡수되지 않습니다. 먹방 유튜버들을 보면 한번에 10인분, 20인분의 음식을 먹어치웁니다. 만약 그 음식의 칼로리가 전부 몸으로 전달되었다면 그 사람들 대부분은 비만에 시달려야 하겠죠. 하지만 그렇지 않습니다. 가장 큰 이유는 위장이 한 번에 소화해서 칼로리로 전환할 수 있는 분량이 정해져 있기 때문입니다.

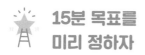

## 15분 목표를 미리 정하자

공부도 마찬가지죠. 학교 수업시간이 40분에서 50분 단위로 나뉘어 있는 이유는 그렇게 쉬어가야 집중력도 유지되고, 공부한 것도 머리에 저장되기 때문입니다. 사람은 기계가 아니라서 뭐든지 반드시 쉬어가며 해야 합니다.

기억 연구에 따르면, 기억의 60%가 사라지는 첫 한 시간 이내에 한 번 재학습을 하고 나면 기억은 훨씬 더 천천히 사라집니다. 이는 무엇을 처음 배운 뒤 한 시간 이내에 그것을 복습하는 것이 매우 효과적인 기억법이라는 뜻이죠.

또한 한 번에 몰아서 외우는 것보다는 시간간격을 두고 드문드문 외우는 것이 훨씬 효과적이고 망각도 더 천천히 됩니다. 간단히 말해, 시험을 앞두고 벼락치기로 공부하면 하나를 완전히 외우는 데 걸리는 시간도 더 많이 들고 시험이 끝나면 금세 잊히지만, 진도에 맞춰서 하나씩 따로따로 외우면 외우는 데 걸리는 시간도 훨씬 적고 나중에도 더 많이 기억된다는 겁니다.

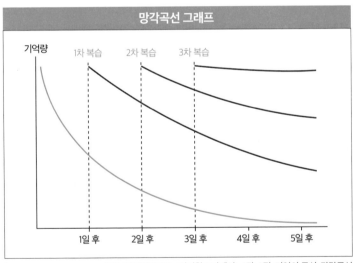

출처: 장근영(2011) <심리학오디세이> 1장. 3절. 기억의 공식, 망각곡선

그래서 공부도 조금씩 하는 것이 좋습니다. 즉 작은 단위로 나눠서 한 번에 한 단위씩 하는 거죠. 이건 공부를 조금만 하는 것이 아닙니다. 작은 단위로 공부를 해도 그 단위가 여럿이 되면 결국 전체 공부량은 많아질 테니까요. 단지 뇌에서 소화가 되지 않을 정도로 지나치게 많이 하는 것을 피하면 됩니다.

구체적으로는 이렇게 하면 됩니다. 공부를 할 때 15분 목표를 정해야 합니다. 15분 만에 할 수 있는 공부량을 정하는 겁니다. 그리고 그 목표를 달성하고 나면, 내 기분이 어떤지 음미하며 질문합니다. 지금 공부한 내용이 잘 기억나는지, 공부를 더 해도 좋을 것 같은지 스스로에게 물어보는 겁니다.

만약 이 질문에 대한 대답이 'Yes'라면 다시 15분 목표를 정하고 시작합니다. 이 질문에 대한 대답이 'No'가 될 때까지 이 단계를 반복합니다. No가 되어 공부를 마치고 나면 지금까지 공부한 걸 한 번만 다시 살펴봅니다.

이렇게 하면 내가 얼마나 많이 공부했는지도 알 수 있고, 머릿

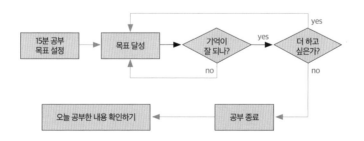

6장 십대에게 꼭 필요한 공부습관 만드는 방법 ● ●

속에 더 확실하게 기억시키는 효과도 얻을 수 있습니다. 기왕 공부했는데 이 정도 정리 복습까지는 해줄 수 있잖아요.

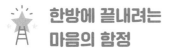

## 한방에 끝내려는 마음의 함정

그런데 사람들이 이런 거 몰라서 한꺼번에 많이 공부하려고 드는 건 아니죠. 그러면 왜 많이 하려고 들까요? 공부를 한 번에 많이 하는 이유는 크게 두 가지입니다.

첫째는 제대로 공부를 처음 해보는 공부 초보자인 경우입니다. 처음 해보니 자기가 한 번에 얼마나 오래 공부할 수 있는지, 얼마나 많이 공부할 수 있는지 모르는 거죠. 인간은 자기가 잘 모르는 것에 대해서는 만만하게 여기고, 자기 능력을 과대평가하는 경향이 있습니다.

데이비드 더닝과 저스틴 크루거라는 학자가 만든 '더닝 크루거' 효과가 그겁니다. 보통 아래 그래프로 알려져 있습니다. 이 그래프에서 세로축(Y축)은 자기 능력에 대한 믿음, 즉 자신감의 수준입니다. 위로 올라갈수록 자신감이 높다고 보면 됩니다. 가로축(X축)은 실제 그 사람의 지식이나 기술 수준입니다. 오른쪽으로 갈수록 고수·전문가고, 왼쪽 끝은 완전 초보입니다.

이 그래프가 특이한 건 초보자 수준의 능력에서 자신감이 최고조에 도달해 있다는 겁니다. 이걸 '우매함의 봉우리'라고 부릅니다. 자신감은 그 다음부터 급속히 낮아져서 절망의 계곡까지 도달했다가 점차 높아집니다.

아래 그래프는 실제 연구논문에 나온 것들을 보기 쉽게 변형한 겁니다. 하지만 더닝과 크루거 연구의 요점은 확실히 전달하고 있습니다. 그 요점이란, 초보자들 혹은 능력이 없는 사람들일수록 자기가 얼마나 못하는지도 모른다는 겁니다. 반면에 그 분야에 대해 알면 알수록 자기 능력을 객관적으로 평가할 수 있게 됩니다. 그

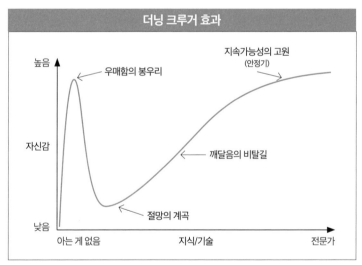

출처: onlinepethealth.com/2019/12/12/the-dunning-kruger-effect/
아래 논문에서 처음 제시된 그래프를 변형한 버전임
Kruger, J. & Dunning, D. (1999). "Unskilled and Unaware of It: How Difficulties in Recognizing One's Own Incompetence Lead to Inflated Self-Assessments". Journal of Personality and Social Psychology. 77 (6): 1121-1134.

6장 십대에게 꼭 필요한 공부습관 만드는 방법 ● ●

래서 배우면 배울수록 처음에는 자신감이 바닥으로 떨어집니다. 그러다가 실력이 늘면서 점점 자기 실제 능력에 가까운 자신감을 가지게 되죠.

공부도 마찬가지입니다. 처음 공부를 하는 사람일수록 실제 자기 수준보다 더 높은 수준을 기대합니다. 그래서 실제 자기가 해낼 수 있는 것보다 더 원대한 목표를 세우죠. 그리고는 실망합니다. 당연하죠. 자기 능력으로 달성할 수 없는 목표였으니까요.

실망하면 기가 죽고, 자신감도 절벽 아래로 떨어집니다. 그러면 공부를 아예 포기하게 됩니다. 여러분들도 대부분은 그런 경험이 있지 않나요? 모두 과도한 목표를 세웠기 때문입니다. 그래서 자신에 대한 기대는 최소한으로 줄이는 게 좋습니다. 그리고 조금씩 키워가는 겁니다.

두 번째 이유는 조급한 마음 때문입니다. 왜 조급해졌을까요? 대개는 미뤘기 때문입니다. 그동안 미루고 미루다 이제 더 이상 미룰 수 없는 지경에 도달했는데, 막상 공부하려고 보니 너무 많이 뒤처져 있고 늦은 것 같은 겁니다. 그러니까 급하게 많이 하려고 듭니다.

절대로 그 마음대로 될 리가 없습니다. 밥도 편안한 마음으로 천천히 먹어야 소화가 잘 되듯, 공부도 마찬가지죠. 집중을 하려면 마음이 평온해야 합니다.

물론 내일 시험이라서 정말 막판이라면 집중력이 잠깐은 높아질 수도 있을 겁니다. 하지만 장기전을 하려면 결국 평상시의 마음으로 공부를 할 수 있어야 합니다. 게다가 조급함도 익숙해집니다. 처음에는 시험 3일 전부터 조급해졌던 마음이 그 다음에는 시험 전날에야 조급해지게 됩니다.

이렇게 처음부터 많이 하려고 들면 함정에 빠집니다. 일단 처음부터 너무 크게 시작하면 그 다음에는 점점 줄어들 수밖에 없습니다. 앞서 이미 몇 번 말했지만, 마음에도 관성이 있습니다. 크게 시작해서 점점 작아지는 것도 관성이 됩니다. 한 번 줄이기 시작하면 계속 줄이려는 경향이 생깁니다. 그 과정에서 풍선처럼 부풀어 올랐던 자신감이나 의욕도 바람 빠지듯 쪼그라들겠죠.

반대로 더 이상 줄일 수 없는 작은 규모로 시작하면 그 다음에는 키울 수밖에 없습니다. 그리고 일단 한 번 키우기 시작하면 조금씩 더 키우게 됩니다.

그렇다면 얼마나 짧게 공부해야 할까요? 15분 룰을 참고하세요. 공부하는 동안에는 지금 공부하는 주제에 온 힘을 다해 집중해야 하지만, 한 과목을 공부하다가 지칠 때는 다른 과목을 공부하는 것도 좋은 방법입니다. 단, 15분 목표는 달성한 다음에 다른 과목으로 넘어가야 합니다. 하나도 끝내지 않은 채로 다른 과목을 공부하는 건 그냥 안 하는 것과 같습니다.

"급할수록 돌아가라"는 말이 있습니다. 사실입니다. 조급하게 굴수록 오히려 속도는 더 느려집니다.

6장 십대에게 꼭 필요한 공부습관 만드는 방법 ● ●

꼭 필요한 습관 ❸
# 때와 장소를 안 가리고 공부하기

언제 어디서든지 공부하는 습관을 가진 학생이 공부를 잘합니다.
언제 어디서든 공부하려면 어떤 준비가 필요한지 살펴보겠습니다.

공부할 수 있는 때와 장소가 따로 있을까요? 우리가 공부를 하려면 어떤 조건이 갖추어져 있어야 할까요? 능력이 비슷한데도 공부를 못하는 학생과 잘하는 학생이 따로 있죠. 이 둘의 차이점 중 하나는 공부를 잘하는 학생들은 언제 어디서든 공부를 할 수 있는 반면에, 공부를 못하는 학생들은 공부를 아무데서나 못한다는 점입니다. 대개 공부하기 위한 조건이 까다로운 학생들일수록 실제 학업성적은 나쁜 편입니다.

공부하기 위한 조건을 따지자면, 이 세상에 공부를 할 수 있는 사람이 과연 있을까요?

물론 공부방이 따로 없는 학생이나, 참고서나 문제집을 살 돈도 없는 학생, 인터넷 강의를 들을 수 있는 스마트폰이나 노트북이 없는 학생은 그런 것들을 갖춘 학생들보다 공부를 하기가 훨씬 힘들 겁니다. 실제로 가정의 경제적 수준, 부모님의 학력, 집에 얼마나 책이 많은지 같은 여러분을 둘러싼 환경 요인들이 여러분의 학업 성적에 뚜렷이 영향을 미친다는 건 여러 연구결과를 통해 증명된 명확한 사실입니다.

　하지만 그 조건이 우리들 각자에게 어떤 영향을 미치느냐는 사람마다 다릅니다. 흙수저 학생이 공부를 하기 어려운 이유만큼이나 금수저 학생도 공부를 할 수 없는 이유를 찾을 수 있죠. 부잣집 학생들은 집에 즐기거나 놀 거리가 너무 많아서, 혹은 자기만의 공부방이 너무 편해서, 그리고 공부를 하지 않아도 미래가 보장이 되어 있는 것 같아서 공부에 제대로 집중하지 못할 수도 있거든요. 실제로 미국의 경우, 부모의 재산이 너무 많아도 자녀의 학업 성적이 나빠진다는 조사결과가 있습니다.

　환경 조건은 내가 공부를 할지, 하지 않을지를 결정하지 않습니다. 물론 정도의 차이는 있습니다. 어떤 환경은 너무 가혹해서 정말로 한 개인의 힘으로 어쩔 수 없는 경우도 있을 겁니다. 하지만 적어도 이 책을 접할 수 있는 분들의 환경은 그 정도까지는 아닙니다. 여러분들이 공부를 할지, 하지 않을지를 결정하는 건 여러분 자신, 정확히는 여러분이 만든 습관입니다.

　　　　　　　6장　십대에게 꼭 필요한 공부습관 만드는 방법 ● ●

## 기억하기 위한 최선의 방법은 반복

어떤 친구는 특정한 펜이나 연습장이 있어야 공부가 된다고 합니다. 어떤 친구는 책상이 깔끔하게 정리되어 있어야 공부를 할 수 있고, 어떤 친구는 주변에 아무런 소음이 들리지 않아야 공부가 된다고 하고, 다른 친구는 오히려 사람이 많이 있는 독서실이나 카페에 가야 공부가 된다고 합니다. 누구는 특정한 의자에 앉아야 공부가 되고, 누구는 공부 시작하기 전에 담배를 한 개피 피워야 하고….

여러분 자신의 습관이 뭔지 모르겠지만, 남들이 내세우는 공부의 조건들을 이렇게 보면 참 부질없다는 생각이 들지 않습니까. 이런 공부를 할 수 있는 조건들은 사실 공부를 하지 않기 위한 핑계나 변명입니다. 그 조건이 까다로울수록 공부를 하지 않을 이유를 더 쉽게 찾을 수 있죠. 여러분도 그런 경험이 많을 겁니다. 공부를 하려다 보니 책상이 너무 지저분해서 책상 정리를 하다 보니 시간이 없어서 오늘은 공부를 못하는 경험.

운동과 마찬가지로 공부도 언제 어디서든 할 수 있는 사람이 잘하는 사람입니다. 물론 모든 공부를 아무 때나 할 수 있는 건 아닙니다.

우리가 어떤 새로운 지식을 배우려면 그 지식을 이해하고, 기억

해야 합니다. 그 지식을 이해하려면 한동안은 그 문제에 주의력을 집중해야 합니다. 지식의 난이도에 따라서는 혼자서 이해할 수 없는 경우도 있습니다. 학교 수업시간 강의를 듣거나, 학원 선생님의 강의를 듣거나, 혹은 인터넷 강의를 듣거나, 친구의 도움을 받아서 이해하게 되는 지식들도 많습니다. 그렇기 때문에 이해하기는 아무 때나 아무 곳에서나 할 수 없죠. 그런 도움을 받을 수 있는 시간과 장소에서만 할 수 있습니다.

'이해하기'와는 달리 '일단 이해한 지식을 기억하기'는 혼자서 할 수 있습니다. 기억하는 최선의 방법은 반복하는 것이니까요. 한 번 어떤 문제를 풀기 위한 지식을 이해했다면, 그 다음에는 같은 문제를 여러 번 풀어보고, 비슷한 문제를 풀어보면서 그 지식을 머릿속에 기억시키는 거죠. 어떤 지식은 그냥 반복해서 외우는 게 최선입니다.

이런 단순 반복은 언제 어디서나 할 수 있습니다. 버스나 지하철을 타고 가면서 할 수도 있고, 길을 걸어가면서도 할 수 있죠. 그러니까 언제 어디서나 공부를 하려면, 평소 공부하면서 반복이 필요한 것들을 따로 챙겨두는 습관이 도움이 됩니다.

# 공부하는
# 친구를 사귀기

친구는 여러분의 뇌 다음으로 당신의 습관이 적응해야 하는 환경입니다.
친구와 어울리지 않는 습관이 있다면 둘 중 하나를 선택해야 합니다.

앞서 '신호 중에서 가장 확실한 신호가 사회적인 신호'라고 했던 말을 기억할 겁니다. 주변 사람들의 행동을 보고 따라하려는 건 인간의 본능입니다. 여러분의 주변 사람들이 뭘 하든, 여러분도 조만간 그 행동을 하게 됩니다. 그게 공부가 될 수도 있고, 각종 운동 종목이 될 수도 있고, 음주나 흡연이 될 수도 있습니다.

데이비드 버커스의 책 『친구의 친구』에 따르면 친구가 비만일 경우 당신의 체중 증가 가능성은 45% 높아집니다. 친구가 흡연자일 경우 당신이 흡연자일 가능성은 61% 높아지고, 친구가 행복할 경우 당신이 행복해질 확률은 15% 높아집니다. 이걸 호모필리

(homophily, 동류선호성향)라고 부릅니다.

습관 전문가들이 공통적으로 이야기하는 것이 '습관은 혼자만의 힘으로 만들어지지 않는다'는 겁니다. 여러분이 어떤 습관을 만들고 싶으면 그 습관이 일상화된 사람들의 집단에 들어가거나, 그 습관이 환영받는 곳을 찾아가야 합니다.

앞서 이야기 했듯이, 습관이 성장하려면 적어도 습관 형성을 막지는 않는 환경이 필요합니다. 다행히 어느 정도까지는 내가 환경을 선택할 수 있습니다. 그 중에서 가장 중요한 환경이 바로 여러분의 친구입니다. 친구들과 같은 활동을 하면 그냥 따라하는 수준을 넘는 효과가 발휘됩니다. 공부가 특히 그렇습니다. 공부는 혼자 하는 겁니다. 하지만 곁에 같이 공부하는 친구가 있으면 공부가 더 잘 됩니다. 그 친구와 당신이 같은 걸 공부하고 있어도 영역마다 이해하는 수준이 제각각이기 때문에 더욱 그렇습니다. 왜냐하면 친구와 서로 가르치고 배우는 활동을 교환할 수 있기 때문입니다.

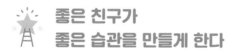

## 좋은 친구가
## 좋은 습관을 만들게 한다

교육학에서 만고불변의 진리는 '내가 공부한 것을 완전히 내 것으로 만드는 방법은 바로 남에게 그걸 가르쳐주는 것'이라는 사

　　　　　　　6장 십대에게 꼭 필요한 공부습관 만드는 방법 ● ●

실입니다. 아마 실제로 경험해본 분들도 있을 겁니다. 동생이나 나보다 좀 못하는 친구에게 공부나 운동을 가르쳐주다 보니 어느새 내가 그걸 더 잘 이해하고 더 능숙해지는 경험 말입니다.

그래서 친구나 동료의 존재가 중요합니다. 친구를 통해 배우는 건 공부만이 아닙니다. 우리가 친구들과 서로 궁금한 걸 물어보고 대답해주면서 얼마나 많은 것을 배우고 있는지를 알면 놀랄 겁니다. 여러분이 아는 것들의 대부분은 여러분 친구들에게서 온 겁니다. 여러분 역시 친구들에게 그들이 궁금해하는 질문에 답을 해주고 있겠죠.

친구들끼리 모여서 하는 잡다한 수다 속에는 언제나 각자가 듣고 배운 정보들이 담겨 있습니다. 수다를 떨면서 우리는 알게 모르게 그것들을 배우게 됩니다. 그 친구들이 누구냐에 따라서 질문하고 대답해주는 내용이 달라집니다.

누구는 행렬 문제 풀이를 궁금해하지만, 다른 누구는 어제 게임 전적을 궁금해 합니다. 누구는 요즘 유행하는 노래나 뮤비를 알려주지만, 다른 누구는 불법 도박 사이트에서 큰 돈을 딴 이야기(물론 그렇게 딴 돈은 조만간 그 사이트에서 전부 잃고 더 큰 돈을 빚지게 될 것이지만)를 알려줍니다.

우리는 아주 어릴 적에는 부모를 통해서 세상을 보고, 나이가 들면서는 친구를 통해 세상을 봅니다. 친구들이 좋다고 하는 건 내가 보기에도 좋아 보이고, 친구들이 한심하게 여기는 건 나도 하찮게 대하게 됩니다. 그러니 친구가 중요합니다.

지금부터라도 여러분이 어제 친구와 주로 어떤 이야기를 했는지 기억해보세요. 여러분이 하고 싶은 뭔가가 있는데 그 친구들과는 그것에 대해 단 한마디도 이야기하지 않았다면, 지금부터 새 친구를 사귀어야 합니다. 그렇지 않으면 여러분은 오래가지 않아서 그 하고 싶은 뭔가를 잊어버리거나 포기하게 될 겁니다.

나에게 좋은 친구는 내게 필요한 좋은 습관을 키우는 데 도움을 주는 친구입니다. 최소한 방해를 하거나 무시하지 않는 친구입니다. 그런 친구를 사귀어야 여러분의 좋은 습관이 유지됩니다.

꼭 필요한 습관 ❺

# 중요한 것부터
# 먼저 하기

우리가 해야 할 일은 다 같지 않고 네 가지로 나눌 수 있습니다.
뭣이 중헌지, 무슨 일을 먼저 해야 하는지 살펴보겠습니다.

필요한 것부터 하라, 그 다음에는 가능한 것을 하라. 그러다 보면 어
느 순간 여러분은 전에 불가능하던 것을 하고 있을 것이다.

_아시시의 성 프란치스코(프란체스코 수도회의 창시자)

스티븐 코비 박사는 『성공하는 사람들의 7가지 습관』이라는 책
으로 유명합니다. 그는 우리가 살아가면서 정해진 시간 안에 많은
일을 해야 하는 상황을 통 안에 큰 돌과 작은 돌, 그리고 모래를
집어넣는 것에 비유합니다.

통의 크기가 같아도 어떤 순서로 돌과 모래를 집어넣느냐에 따

라서 그 통에 넣을 수 있는 양의 차이가 엄청나게 달라집니다. 만약에 모래를 먼저 통에 부어넣고 작은 돌과 큰 돌을 넣으려고 하면, 통은 이미 모래로 가득 차 있어서 넣지 못하고 남는 돌들이 많습니다. 하지만 큰 돌을 먼저 통에 넣고, 작은 돌을 넣으면 작은 돌들은 큰 돌들의 틈새에 끼어듭니다. 거기에 모래를 부으면 모래는 돌들의 틈새를 채우죠.

그 결과의 차이는 어떨까요? 첫 번째 방식으로 넣는 것보다 훨씬 많은 돌과 모래를 통에 넣을 수 있게 됩니다. 이 예는 시간을 어떻게 사용하느냐에 따라서 같은 시간으로 할 수 있는 일이 엄청나게 달라질 수 있음을 잘 보여줍니다.

실제로 여러분 주변을 보면 공부도 잘하고 친구들과 놀기도 잘 놀고, 그 와중에 취미생활이나 봉사활동까지 잘 하는데 평소 모습을 보면 별로 바빠 보이지 않는 친구가 있을 겁니다. 반면에 늘 급하고 바빠 보이는데 뭐 하나도 제대로 하지 못하는 친구도 있겠죠.

이 둘의 차이는 뭘까요? 지능이나 능력의 차이만이 아니라 시간 사용 습관의 차이에서 나옵니다.

여기서 시간 사용 습관이란, 내가 해야 할 일 중에서 어떤 일부터 먼저 하느냐는 습관을 말합니다. 내가 가진 시간을 어디에 먼저 사용하느냐가 중요합니다.

이것이 같은 하루 24시간을 살면서 잠도 제대로 못자고 늘 바쁘고 조바심에 가득한 마음으로 살면서도 정작 중요한 일은 하나

같은 시간 동안 똑같은 일이 주어지더라도 당신이 어떤 일을 먼저 하느냐에 따라서
시간이 충분할 수도 있고 부족할 수도 있다.

도 제대로 못하는 삶을 사느냐, 아니면 할 일을 다 하면서도 쉴 때
는 여유 있게 쉴 수 있는 삶을 사느냐를 결정합니다.

## ⭐ 세상 일은 다 똑같지가 않다

그렇다면 어떤 일부터 먼저 해야 할까요? 앞서 코비 박사의 예
에 비유하자면 어떤 일이 먼저 해야 하는 큰 돌이고, 어떤 일이 나
중에 해도 되는 작은 돌일까요? 그리고 그걸 나누는 기준은 무엇
일까요?

세상을 살아가면서 우리가 해야 할 일들은 크게 두 가지 기준
으로 나눌 수 있습니다. 그 일이 얼마나 중요한지, 그리고 그 일이
얼마나 급한지.

첫 번째, 일의 중요도는 그 일을 하는 것이 나에게 얼마나 긍정
적인 결과를 가져다주는지로 판단합니다. 나를 성장하게 해주는
일, 예를 들어 운동하기, 책 읽기, 글쓰기 같은 내 미래를 위한 일
들, 그리고 내게 주어진 역할, 예를 들어 가족의 일원으로서의 역
할, 학생으로서의 역할, 친구로서의 역할을 감당하기 위해서 꼭 해
야 하는 일들입니다.

두 번째, 급한 일은 그 일을 지금 당장 하지 않으면 할 필요가

없거나 할 수 없는 일들을 말합니다. 그래서 이 기준은 일 자체의 내용보다는 상황에 달려 있는 경우가 많습니다. 예를 들어 실전 시험에서 문제 풀기는 시험 종료시간까지 해야 하는 긴급한 일입니다. 시험관이 답안지를 다 걷어가버린 다음에 문제를 푸는 건 아무 의미가 없죠. 하지만 같은 문제를 혼자 공부하면서 풀 때는 문제 풀기가 급한 일이 아닙니다. 이처럼 특정 시간대에서만 할 수 있는 일, 어떤 장소에서만 혹은 어떤 사람하고만 할 수 있는 일들이 급한 일입니다.

이 두 가지 조건을 곱하면 아래 표처럼 이 세상 모든 일을 다음 네 가지 중 하나로 나눌 수 있게 되죠.

### 우리가 해야 할 네 가지 일

| | 긴급함 | 긴급하지 않음 |
|---|---|---|
| 중요함 | 중요하고 급한 일<br>지금 당장 닥친 위기나 문제를 해결하기 위한 일(마감시간이 임박한 과제물 완성하기. 등교시간에 늦지 않기. 가족이나 친구와의 시간 약속 지키기 등) | 중요하지만 급하지 않은 일<br>앞으로 발생할 위기나 문제를 예방하기 위한 일, 나의 미래와 성장을 위한 일(일기 쓰기, 책 읽기, 꾸준히 공부하기, 꾸준히 운동하기, 할 일 계획하기 등) |
| 중요하지 않음 | 중요하지 않지만 급한 일<br>시간이 지나면 할 수 없지만 아예 하지 않아도 되는 일(중요하지 않은 전화·우편물·이메일·문자에 답하기. 게임 일일 퀘스트 완료하기 등) | 중요하지 않고 급하지도 않은 일<br>즐겁지도 않고 의미나 쓸모도 없는 일, 해도 그만 안 해도 그만인 일(오랫동안 TV 보기, 오랜 시간 인터넷 커뮤니티 순회하기, SNS 하기, 질릴 때까지 게임하기 등) |

이 중에서 어떤 일을 먼저 해야 할까요? 중요하고 급한 일을 제일 먼저 해야 한다는 건 누구나 알 수 있죠. 이건 당장 하지 않으면 나에게 문제가 생기는 일들이니까요.

문제는 그 다음입니다. 대개 늘 바쁘게 살면서도 중요한 일은 하나도 못하고 계속 바쁘기만 한 친구들의 공통점은, 그 친구들이 중요하지 않은데 급한 일을 먼저 한다는 점입니다. 그리고 시간이 조금 남으면 너무 힘들어서 숨 좀 돌린다면서 중요하지도 않고 급하지도 않은 일을 하죠. 이렇게 살다 보니 급하지 않지만 내 미래를 위해 꼭 필요한 일이나 미리 해두면 앞으로 급한 일이 터지지 않게 해주는 일들을 하지 못합니다. 바빠서요. 그러니까 내일도 모레도 계속 바쁘겠지요.

하지만 여유 있게 살면서도 할 일은 다 하는 친구들은 대개 급하지는 않아도 중요한 일을 먼저 합니다. 중요하지 않은데 급하게 나를 찾는 일들은 그렇게 중요한 일을 하는 틈틈이 하거나 혹은 그냥 넘겨버리죠. 마치 모래알이 큰 돌 틈새로 들어가는 것처럼요. 그러다 보면 급하기만 하고 중요하지 않은 일들은 지나가버립니다.

하루를 시작하기 전에 오늘 해야 할 일들의 목록을 써놓고 어떤 일이 중요한지, 어떤 일이 급한지를 평가하는 것도 좋습니다. 정말 현명하고 좋은 습관을 가진 친구들은 그렇게 하죠.

하지만 우리 같은 '좋은 습관의 초보자들'은 그저 당장 어떤 일을 할 때마다 그 일이 나에게 얼마나 중요한지를 먼저 평가하는 습관을 가지는 것부터 시작해도 됩니다. 그것만으로도 그 습관이 없을 때보다 아주 조금은 현명해질 테니까요.

##  십대에게 가장 중요한 세 가지 일

중고등학생 시기에 제일 중요한 일은 무엇일까요? 크게 다음의 세 가지입니다. 첫째는 내 건강을 유지하는 생활습관이고, 둘째는 가족의 일원으로서 역할을 수행하는 습관이고, 셋째는 학생으로서 역할을 수행하는 습관입니다.

건강을 유지하는 생활습관은 '제때 잠자고, 제때 일어나기'부터입니다. 수면은 우리의 건강에 매우 중요합니다. 하지만 종종 쉽게 미룰 수 있는 것처럼 취급받죠. 잠은 저축할 수도 없고, 절약할 수도 없습니다.

전문가들은 하루 7시간 수면을 추천합니다. 매일 정해진 시간에 잠을 자야 몸이 적응해서 그 시간에 맞춰 잠잘 준비를 합니다. 준비를 한 상태에서 잠을 자야 깊은 수면과 꿈을 꾸는 REM수면까지 고르게 거치며 몸과 마음의 피로를 회복하고, 낮에 겪은 일을 정리해서 기억을 차곡차곡 쌓을 수 있습니다. 픽사에서 만든 애니

메이션 영화 〈인사이드 아웃〉은 수면과 기억의 관계를 아주 잘 설명해줍니다.

간단히 말해 공부를 아무리 열심히 해도 잠을 안자면 공부한 걸 기억으로 전환하지 못합니다. 매일 같은 시간에 비슷한 시간 동안 자는 것이 최선입니다. 충분한 수면은 기억력뿐만 아니라 여러분의 성장에도 중요합니다. 여러분의 유전자가 허용하는 키의 최대치에 도달하려면 잠을 제때 푹 자야 합니다.

그 다음은 '제때 밥 먹기'입니다. 식사 역시 다른 어떤 것보다 먼저 챙겨야 하는 중요한 일입니다. 매일 정해진 시간에 식사하는 습관을 가지면 건강에도 좋고, 과식을 피할 수도 있습니다.

마지막은 '청결'이죠. 코로나19 시대에 감기나 다른 전염병 환자들이 엄청나게 줄었습니다. 모두 마스크를 쓰고, 자주 손을 씻었기 때문입니다. 피부와 치아를 깨끗하게 유지하는 습관은 여러분 건강에 중요할 뿐만 아니라 이후 여러분의 사회생활에도 매우 중요합니다. 남들에게 지저분하다는 인상을 줘서 도움이 되는 일은 어디에도 없습니다.

다음으로 가족으로서의 역할은 뭘까요? 왜 중요할까요? 여러분 대부분은 아마도 가족의 일원입니다. 그런데 우리가 가족 구성원으로 살아가려면 반드시 가족으로서의 역할을 해야 합니다. 우리의 마음은 행동에 의해 만들어지거든요. 가족으로서의 일을 해야 가족이 됩니다.

그렇다면 가족의 일원으로서 여러분이 해야 하는 역할은 무엇일까요? 공부는 아닙니다. 공부는 학생으로서 해야 할 일이죠. 만약 집에서도 공부만 하면 된다고 생각한다면, 여러분은 자기 자신을 가족이 아니라 어떤 집의 하숙생으로 여기는 셈입니다.

　가족은 집안일을 함께 하는 사람들입니다. 자기 방이 따로 있다면, 그 방을 직접 청소하는 것은 기본입니다. 그 외에도 빨래나 설거지를 할 수도 있습니다. 요리를 할 수도 있고, 쓰레기를 버리거나 장보기를 할 수도 있겠죠. 동생을 돌보거나 공부를 가르쳐주는 역할도 할 수 있습니다. 어쨌거나 여러분이 가족의 일원으로서 역할을 부여받고 그 역할을 수행해야 가족의 일원으로서 소속감과 유대감을 느낄 수 있습니다. 그 유대감은 여러분이 학교나 다른 곳에서 어려움을 겪더라도 여러분을 지탱해줄 아주 중요한 자산이 됩니다.

　여러분이 학교에서 외톨이가 되더라도 최소한 내 곁에 가족이 있고, 내 가족들에게 내가 의미 있는 존재임을 확인할 수 있는 유일한 방법이 집안일을 함께하는 것이기 때문입니다. 따라서 가사일을 함께 하는 건 가족을 위해서만이 아니라 내 마음의 건강을 위해 무엇보다도 중요한 일입니다.

　마지막은 학생으로서의 역할입니다. 공부를 열심히 하는 건 여기에 해당합니다. 하지만 그것만은 아닙니다. 우선 학생으로서 교칙을 지키는 것, 수업시간뿐만 아니라 나머지 시간에도 학교에 있을 때는 선생님 말씀을 잘 듣는 것, 친구들과 잘 지내는 것도 학생으로서의 역할입니다.

공부의 기본은 예습하고, 수업시간에 열심히 집중해서 공부하고, 복습하고, 숙제하기입니다. 이 모든 것을 하고 나서도 시간이 남으면 그때 따로 자기만의 공부를 하면 됩니다.

이 세 가지 일들이 학생인 여러분에게는 가장 중요한 일입니다. 다른 어떤 일보다 이 일들을 먼저 하는 습관을 들이면 최소한의 노력으로 최대한의 효과를 얻는 스마트한 일상을 누릴 수 있을 겁니다.

# 나를 바꾼
# 몇 가지 습관 이야기

● 나를 힘들게 한 나쁜 습관들

초등학교에서부터 중학교를 졸업할 때까지, 저는 학교 숙제를 제대로 해가지 않는 학생이었습니다. 학교에 가서 숙제를 허겁지겁 하거나, 아예 숙제를 하지 않는 경우도 많았죠.

초등학교 시절에는 그래서 거의 하루 걸러 한 번씩은 학교에 남아 벌 청소를 했습니다. 하지만 부모님께는 그런 사실을 알리지 않았습니다. 적극적으로 숨긴 것은 아닙니다. 그저 왜 이렇게 늦었느냐고 물으시면 청소하느라 늦었다고 답했을 뿐입니다.

수업시간에도 공부보다는 그냥 혼자 망상의 세계 속에 들어가 있곤 했습니다. 숙제를 안 하고 공부도 하지 않으니 당연히 시험 성적은 한심할 수밖에 없었습니다. 그런데 그렇게 우울한 점수가 매겨진 시험지를 부모님께 보여드리지 않았습니다. 그렇다고 적극적으로 시험지를 파기한 것도 아닙니다. 그냥 시험지를 집에 가져와서 책꽂이 뒤에 슬쩍 숨겨놓곤 했을 뿐입니다.

저는 종종 지각을 하는 학생이기도 했습니다. 중학교와 고등학교 시절 저는 거의 매일 아침을 지각한 학생들에게 주어지는 단체 기합으로 시작했습니다.

사실 지각은 제 삶의 일부라 할 수 있습니다. 저는 시간을 맞춰야 하는 거의 모든 행사나 일정에 한 번 이상 늦게 도착해본 적이 있습니다. 단기사병(방위병)으로 근무할 때조차도 몇 번 심각하게 늦게 출근해서 사유서를 쓰기까지 했습니다. 하지만 그 이후에도 아슬아슬하게 부대에 도착하곤 했죠.

기본적으로 제 늦는 습관은 늦게 일어나는 습관에서 기인한 것이고, 늦게 일어나는 이유는 늦게 잤기 때문이었습니다. 그런 주제에 대학입학시험 전날에는 일찍 자야 한다고 밤 9시에 잠자리에 들었습니다.

간단히 말해서 저는 엄청나게 게으르고, 겉보기엔 얌전한데 은근히 삐뚤어진 학생이었습니다. 일부러 그랬던 건 절대 아닙니다. 모든 건 제 의지나 의도와는 무관했습니다.

저도 숙제 잘하는 성실한 학생이고 싶었습니다. 실제로 학교 마치고 집을 향해 출발할 때는 매번 '이번 숙제는 꼭 해야지'라는 마음으로 학교를 나서곤 했습니다.

단지 집에 가는 길에 지나치던 문구점에 진열된 프라모델 장난감이나, 만화가게 창문에 붙은 신작만화 광고를 보며 그 내용을 상상하다 보면 집에 돌아왔을 때 내 머리 속에서 숙제에 대한 생각은 싹 지워져 있곤 했을 뿐입니다. 그렇게 남은 하루를 보내고 나면 다시 해야 할 일은 아무것도 하지 않고 맞이하는 새 하루가 기다리는 일이 반복된 겁니다.

시험도 마찬가지입니다. 형편없는 시험성적을 원하는 학생이 어디 있을까요. 저도 좋은 성적을 얻어서 부모님께 자랑하고 싶었습니다. 하고 싶은 마음은 가득한데 실제로 실행하지 않는 그런 삶은 제겐 거의 자연법칙과 같은 것이었습니다.


## ● 나를 살려준 좋은 습관들

하지만 이런 습관들만 있었다면 저는 그냥 폐인에 불과할 겁니다. 저에게도 몇 가지 좋은 습관이 있었습니다. 그 습관들 덕분에 지금 여기까지 왔다고 해도 과언이 아닙니다. 그러면 이렇게 나쁜 습관으로 가득한 저에게 기회를 만들어준 몇 안 되는 좋은 습관은 뭐였을까요?

첫 번째는 '일기 쓰기'였습니다. 돌이켜보면 일기 쓰기 습관은 저를 살려준 구원자나 마찬가지라 하겠습니다.

제가 일기 쓰기를 처음부터 좋아한 건 아닙니다. 저 역시 학교 숙제로 억지로 일기를 쓰고, 방학이 끝날 때쯤 울면서 밀린 방학 일기를 쓰곤 하던 평범한 학생이었습니다. 그런데 대학에 입학한 이후, 어느 날 '일기를 써볼까' 하는 생각이 들었습니다. 뒤늦게 '중2병'이 찾아왔기 때문이었을지도 모릅니다. 내 심연의 우주는 아무도 알아줄 수 없을 테니 내가 스스로 발굴해야겠다는 생각이었던 셈입니다.

게다가 저는 친구가 별로 없었습니다. 왕따는 아니었습니다. 절친도 몇몇 있었고, 나중에는 동아리 후배들도 이끌고 다녔습니다. 하지만 전반적으로 사교적인 대학생활이 버거웠습니다. 혼자서 도서관이나 만화방에서 책을 읽을 때가 제일 편했죠. 이렇게 혼자 지내며 하고 싶은 말들이 속에 쌓였습니다. 게다가 누구든 글을 많이 읽다 보면 글을 써보고 싶어집니다. 이런 요인들이 한데 모여 어느 날 일기를 쓰게 된 모양입니다.

괜찮은 경험이었습니다. 며칠 후에 또 일기를 썼죠. 나중에는 거의 매일 일기를 썼습니다. 그렇게 시간이 지나자 1년에 대략 노트 한 권 정도의 일기가 쌓였습니다. 그런 일기장이 5~6권 쌓일 때쯤 대학을 졸업했습니다. 그 이후부터 저는 계속 글을 쓸 곳을 찾아다녔습니다.

대학원 입학시험에 영어과목이 있었는데, 저는 따로 공부를 하지 않고 영어 번역 알바를 했습니다. 번역을 하다 보면 단어도 배우고, 문장도 배우니까요. 게다가 영어 글을 한글로 바꾸는 과정은 글쓰기의 연장이었습니다. 학술서적 번역이었지만 저는 마치 제가 그 글의 원저자인 것처럼 문학적으로 좀더 명료한 표현을 만들어내려 노력했습니다. 박사과정 중에도 글을 쓸 기회를 찾아다녔습니다.

그러다 휴학을 하고 대학에서 일을 하던 중에 인터넷 신문에 기고를 해봤습니다. 처음 내 글을 남들에게 드러내고 반응을 보는 경험이었죠. 그곳은 팬덤으로 뭉친 곳이라 대부분의 필진에게 호의적이었습니다.

저는 '심리학과 영화'를 소재로 글을 썼고, 제 글에 대한 반응도 좋았습니다. 일기를 쓰며 다듬은 문장력이 도움이 된 겁니다. 지금은 저보다 더 잘 쓰는 전문가들이 많지만, 당시엔 전문적인 내용을 인터넷에서 읽기 쉬운 문장으로 쓰는 이들이 많지 않았습니다. 반응이 대략 좋으니 계속 글을 썼죠.

그러다가 블로그 시대가 열렸습니다. 저는 블로그에 글을 쓰기 시작했습니다. 블로그 초창기에 심리학 전문 블로그로 자리를 잡은 덕분에 제 글들의 조회수가 꽤 높았습니다. 이를 보고 출판사에서 출판의뢰가 들어왔습니다. 그래서 책을 내기 시작했습니다. 책을 보고 다시 잡지사에서 기고 의뢰가 들어왔고, 그런 식으로 여기저기에 글을 쓰게 되었습니다. 지금까지 제가 낸 책들은 2~3권을 제외하고는 대부분 이렇게 이곳저곳에 기고한 글을 모은 겁니다. 제 글쓰기는 일기 쓰기의 연장이었습니다.

지금도 제 직업은 크게는 글을 쓰는 일입니다. 연구보고서도 쓰고, 칼럼도 기고하니까요. 아마 대학교 시절의 일기 쓰기 습관이 없었다면 지금의 제 글쓰기는 없었을 거라고 생각합니다.

두 번째 습관은 '그림 그리기'입니다. 이 역시 제 의지와는 무관한 습관입니다.

저는 그냥 그림이 좋았습니다. 시키지 않아도 종이만 있으면 그림을 그렸고, 나중에는 부모님이 하루에 그릴 수 있는 종이의 장수를 제한했을 정도로 그림을 그리는 아이였습니다. 안 그래도 나쁜 눈이 더 나빠진다고 막으셨다는데, 제한된 종이에 더 많은 그림을 그리려는 생각에 더 작게 그림을 그렸으니 별 효과는 없었던 듯합니다.

저는 자폐증에 가까울 정도로 혼자 있는 걸 좋아했고, 혼자서 그림을 그리며 노는 게 즐거웠습니다. 뭐든 많이 하면 더 잘하게 됩니다. 거기에 기본적인 재능이 조금 추가되면 꽤 잘하게 됩니다. 오랜 그림 습관의 결과, 저는 초등학교 시절부터 또래 중에서는 그림을 가장 잘 그리는 축에 들었습니다. 중고등학교에서도 그림 그릴 일이 있으면 늘 뽑혀 다녔죠.

저는 영어 단어나 관용구를 외울 때도 그 의미에 맞는 삽화를 그려가며 외웠습니다. 그러다 보니 추상적 개념을 구체적 이미지로 바꾸는 게 제 특기가 되었습니다.

대학에 들어가서도 그림을 그릴 기회만 있으면 참가했습니다. 학생회 행사에 사용할 걸개그림도 그렸고, 석사를 마치고 군 입대를 기다리는 동안 심리학 개론 교재의 삽화도 그렸습니다. 그 그림을 보고 학교 신문의 연재만화 의뢰가 들어왔고, 심리학 개론 교과서의 삽화를 본 다른 출판사들이 의뢰해서 교과서 삽화나 다른 삽화들도 계속 그렸습니다. 그래서 이 책의 일러스트도 제가 직접 그리게 된 거죠.

그렇게 한동안은 일러스트가 주 수입원이었습니다. 제가 심리학 공부를 계속할 수 있었던 것도 어쩌면 이 그림 덕분이었을지 모릅니다. 대학시절 제 학점은 간신히 평점 3점을 넘습니다. 석사 논문도 그냥 평범했고, 박사 논문 쓰기는 10년이 걸렸습니다.

저는 겸손한 사람이 아닙니다. 오히려 남몰래 자만심으로 사는 인간입니다. 그래서 제가 남들보다 못한 곳에서는 오래 버티지 못합니다. 그리도 은밀하게 잘난 맛에 사는 제가 심리학 공부도 잘 못하면서 계속 심리학 영역에 남은 이유는, 심리학 공부는 못해도 심리학에 대한 그림은 잘 그렸던 덕분입니다. 어떤 개념을 그림으로 잘 표현하면 왠지 통찰이 뛰어난 것처럼 보이거든요. 주변에서도 제가 그림을 그리기만 하면 '너 보기보다 똑똑하다'고 인정해

쳤습니다. 그 덕분에 제 자존심을 유지할 수 있었고, 그래서 계속 연구하는 일을 하게 된 셈입니다.

저는 여전히 나쁜 습관들을 가지고 있습니다. 하지만 그 중 일부는 아주 조금 바뀌었거나, 일시적으로(대략 한 3~4년간) 약간 바뀐 적이 있습니다. 바로 그 조금의 변화가 이 한심한 인간을 그나마 간신히 여기까지 오게 만들어주었습니다. 돌이켜보면 그 변화들(크게 잠깐이든, 작게 계속이든)은 모두 아주 작은 변화로부터 시작했습니다.

변화의 계기도 사소했습니다. 그냥 그 작은 변화에 어울리는 대수롭지 않은 의도였을 뿐이죠. 그런데 그 변화가 계속 유지되면서 눈덩이처럼 조금씩 커져갔습니다. 지금의 저는 그렇게 작은 변화가 만든 결과라 할 수 있습니다.

이것은 저에게만 해당하는 이야기가 아닙니다. 제가 아는 사람들은 모두 자신만의 습관 전쟁을 겪었습니다. 그들은 모두 저보다 뛰어난 능력을 소유하고, 저보다 훌륭한 성취를 이룬 사람들입니다. 유능한 사람들일수록 자신의 결점을 보완하기 위한 습관을 키우거나, 나쁜 습관을 좋은 습관으로 끊임없이 바꾸어나갑니다. 그 좋은 습관들이 반드시 대단한 성취로 이어지지 않을 수도 있습니다. 그래도 괜찮습니다. 작지만 좋은 습관들을 쌓아서 어제의 나보다 조금 나은 오늘의 나를 만들어가는 경험이야말로 진정한 만족과 행복의 원천이니까요.

청소년기는 가족의 테두리에서 한걸음씩 벗어나 자기만의 삶을 시작하는 시점입니다. 스스로 만드는 새로운 습관도 하나씩 생겨나겠죠. 아마 여러분은 저보다는 더 차분하고 현명하게 좋은 습관을 만들어갈 겁니다. 그런 모든 분들에게 이 책이 조금이나마 도움이 되기를 바랍니다.